LE PUY-EN-VELAY

D1694974

Die Texte wurden durch Cécile Gall
in Zusammenarbeit mit Pater Roger Martin,
Rektor von Saint-Michel d'Aiguilhe, verfasst

DUBOIS PILLET

INHALTSVERZEICHNIS

Clermont-Ferrand

N 102

N

La Borne

La Borne

La Borne

Bd. Dr. A. Chantemesse

Piscine couverte

Tennis

C. Quincieu Ensemble Sportif

Bd. George-Sand

R. du 86ème Régiment d'Infanterie

Atelier National de la Dentelle

Église Saint-Laurent

Av. de Bonneville

Av. d'Aiguilhe

Av.

Place Carnot

Bd. Carnot

Bd. Gambetta

R. des Farges

Av. de la Cathédrale

Tour Pannessac

Chapelle Saint-Clair

Monument aux Morts

Chemin des Travailleurs

Chemin du Cimetière

Saint-Michel d'Aiguilhe

Rocher Corneille

Notre-Dame de France

Monté de France

Sentier du Faron

Hôpital Général

R. du Cloître

Séminaire

R. Henri Pourrat

R. de Vie

R. du Petit Vie

6
1
5 4 7
2
3

R. I. Romée

R. Saint-Georges

Cathédrale

Place des Tables

R. des Tables

10

Évêché

R. Grangevieille

R. Raphaël

R. Rochetaillade

R. Cardinal-de-Polignac

Place de la Platrière

R. Chamarlenc

R. Pannessac

R. Chenebouterie

R. Saulnerie

R. Courrerie

8

Marché Couvert

Place du Plot

9

Hôtel de Ville

Place du Martouret

Bibliothèque

Collège Lafayette

R. du Gal. Lafayette

R. Sainte-Cla

R. Droite

Place Cadelade

R. Crozatier

Square H. Coiffie

Bd. Mal Fayolle

R. des Capucins

Bd. Saint-Louis

R. Saint-Gilles

R. Vibert

R. de la Ronzade

R. Cl.-Charbonnier

Bd. Alexandre-Clair

Av. Gal. de Gaulle

Place du Breuil

Fontaine Crozatier

Théâtre

Palais de Justice

Office de Tourisme

Préfecture

Jardin Henri-Vinay

Musée Crozatier

R. Antoine Martin

Square Blaise Pascal

Cours Victor-Hugo

Place Michelet

Av. G. Clémenceau

Foch

Av. Maréchal

N 88

Dolaizon

Poste

Église Carm

R.

Bd. Philipp

Nîmes

Stadtplan von Le Puy-en-Velay

1 - Kreuzgang
2 - Glockenturm
3 - For-Platz
4 - St. Johannes Portal
5 - Pechnasengebäude
6 - Büßerkapelle
7 - St. Johannes Taufkapelle
8 - Cornards-Haus
9 - Bidoire-Brunnen
10 - Choriste-Brunnen

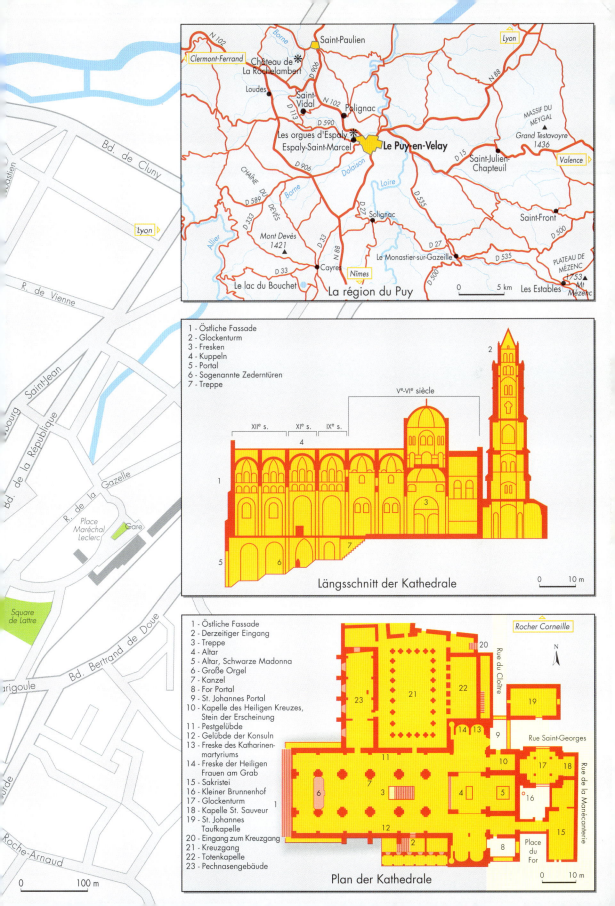

La région du Puy

Längsschnitt der Kathedrale

1 - Östliche Fassade
2 - Glockenturm
3 - Fresken
4 - Kuppeln
5 - Portal
6 - Sogenannte Zederntüren
7 - Treppe

Ve-VIe siècle · XIIe s. · XIe s. · IXe s.

Plan der Kathedrale

1 - Östliche Fassade
2 - Derzeitiger Eingang
3 - Treppe
4 - Altar
5 - Altar, Schwarze Madonna
6 - Große Orgel
7 - Kanzel
8 - For Portal
9 - St. Johannes Portal
10 - Kapelle des Heiligen Kreuzes, Stein der Erscheinung
11 - Pestgelübde
12 - Gelübde der Konsuln
13 - Freske des Katharinenmartyriums
14 - Freske der Heiligen Frauen am Grab
15 - Sakristei
16 - Kleiner Brunnenhof
17 - Glockenturm
18 - Kapelle St. Sauveur
19 - St. Johannes Taufkapelle
20 - Eingang zum Kreuzgang
21 - Kreuzgang
22 - Totenkapelle
23 - Pechnasengebäude

1

IDENTITAETEN

EIN SELTENER ORT

EINE ALTE GESCHICHTE

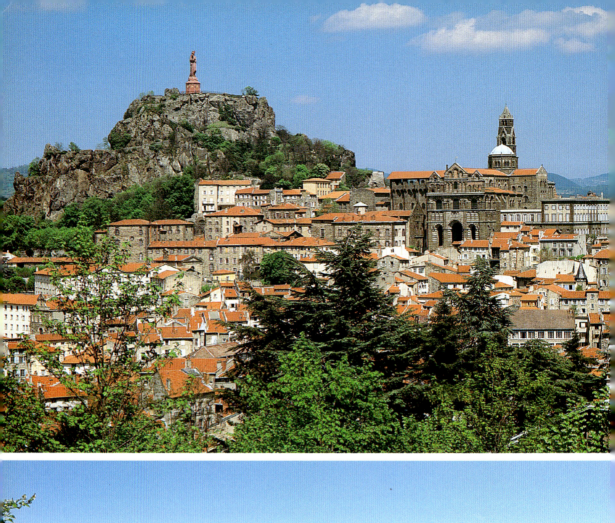

1

EIN SELTENER ORT

Man findet die Stadt Le Puy-en-Velay in der Mulde eines Gebirgspanoramas geduckt. Sie ist in einer außergewöhnlichen Gegend gelegen, die insbesondere vom Süden her oder von Clermont-Ferrand aus gesehen, beeindruckt. Diese Stadt wurde in einer fruchtbaren, mit vulkanischen Berggipfeln umgebenen Senke gegründet, die Maurice Barrès, Schriftsteller und Mitglied der 'Akadémie' als „die verführerischste, seltsamste und einmalige Stadt Frankreichs" beschreibt.

Le Puy-en-Velay, die ehemalige Hauptstadt des Velay, zählt über dreißigtausend Einwohner und ist heute Präfektur des Départements Haute-Loire, das an den Südosten der Auvergne grenzt und den östlichen Rand des Zentralmassivs berührt. Das Département Haute-Loire ist gekennzeichnet durch zwei weitreichende, von der Loire und der Allier gegrabene Täler, die beide sehr unterschiedliche Landschaften aufzeigen. Westlich der Allier erheben sich die Margeride-Berge (der Randon mit 1551 Metern); östlich der Loire sind es die Bergmassive Mézenc (der Mézenc mit 1.753 Metern) und Meygal mit dem 1.436 Meter hohen Grand Testavoyre. Und zwischen den beiden Flüssen erhebt sich schließlich der Velay. Der westliche, durch einen Vulkan geprägte Velay besteht aus flachen Basaltebenen auf fast tausend Meter Höhe und sogenannten *Gardes*, Schlackentrichtern. Die sechzig Kilometer lange Vulkankette Devès überschaut das Ganze vom Berg Devès aus, nahe dem Bouchet-See, aus einer Höhe von eintausend vierhunderteinundzwanzig Metern. Die Vulkanerde bietet sich für den Anbau der bekannten berühmten, „grünen Linsen von Le Puy-en-Velay" an. Bevor sich der Mensch hier niederließ, modellierte die intensive Aktivität der Erde diese Landschaft und gab ihr den originellen Charakter, den wir heute kennen. Vor 500 Millionen Jahren, im Paläozoikum, zu der Zeit als Frankreich noch

Skulpturen der Natur

Die Erosionen des Quartärs eliminierten die weicheren Felsen und ließen die zäheren Vulkanfelsen herausragen. Diesem Phänomen verdanken wir die erstaunlichen Merkmale dieser Landschaft, die charakteristischen, harten Felsspitzen, die wie spitz zulaufende Pyramiden gen Himmel ragen, als wenn sie von übernatürlichen Kräften gemeißelt wären. Es sind einerseits Vulkanschornsteine, schroffe, aus gehärteten Lavamassen geformte Spitzen, die nach dem Ausbruch des Kraters isoliert stehenblieben, wie die *Aiguille* Sankt Michael oder die Spitze von Espaly. Andererseits sind es Vulkankegel, die an Ort und Stelle verblieben sind, wie der Corneille-, der Ceyssacfelsen, oder der Denisevulkan. Die schnell erkaltende Lava bildete Gruppierungen von prismatischen Säulen, wie die riesigen, eindrucksvollen Basaltorgeln von Espaly. Ebenfalls erstaunlich sind die aus Lavaströmen entstandenen Tische, die durch Unterspülung entstanden, wie der spektakuläre Basaltfelsen Polignac. Zu allen Zeiten hat dieses lebhafte Relief hier und in anderen Gegenden die Menschen gewiss beeindruckt. Von der Großartigkeit dieses Ortes berührt, wollten sie sich vor ihm schützen und ihn den Göttern weihen. Offenbar meinten sie, die Götter hätten dies alles so geschaffen und die Vorsicht riet ihnen, diese zu besänftigen. Die Anhänger heidnischer Kulturen überließen ihren Platz den Gläubigen christlicher Religionen. Auch sie nutzten die grandiosen Postamente, die die Natur ihnen bot, um darauf ihre Heiligtümer zu errichten, die wie ein Gebet zum Himmel streben.

überflutet war, ließ eine urgewaltige Gebirgs-verschiebung das Zentralmassiv, eine ausgedehnte Bergkette aus Granit, emporsteigen. Dieses Geschehen war möglicherweise der Auffaltung der Alpen ähnlich. Im Mesozoikum, vor 200 Millionen Jahren, schliff die Erosion die Kronen und Höhen des Zentralmassivs zu einem breiten Plateau ab. Gegen Ende des Tertiärs, vor 65 Millionen Jahren, wurde das Zentralmassiv durch die Alpenfaltung eingedrückt. Das Massiv war zu hart um sich seinerseits zu falten, es kippte und lockerte sich anschließend. Durch diese Umwälzung entstanden die Spalten im Gestein, in die das Fusionsmagma einströmte, und die Vulkane des Velay spien Feuer und Lava aus. Zwischen diesen Brüchen verblieben breite Gebiete als Relief; andere sanken jedoch ab und bildeten Ebenen und Mulden, wie die von Le Puy.

Die Vereisungen des Quartärs, einer Epoche, die vor einer Million Jahren begann und bis heute andauert, bedeckten sodann die Höhen mit einem dicken Eispanzer. Alle diese Bewegungen veränderten Steine, Felsen und Bodenverhält-nisse. Diese Erosionen, die durch das schmelzenden Eis noch verstärkt wurden, sowie ebenfalls durch die Zeitläufe – die allmählich durch Regen, Wind und Schnee zerstörend wirken, nahmen die weicheren Felsen des Vulkans mit sich und hinterließen nur die widerstandsfähigsten.

Felsspitzen und Basalttische sind heute typisch für die Landschaft und verleihen ihr den einmaligen Charakter, über den der hier geborene Jules Romains schreibt: „ Ich habe viele Länder besucht; man kann mich kaum noch in Erstaunen versetzen. Aber es gibt mindestens drei Aspekte in unserem Land, drei Stellen auf unserem Boden, die mir immer wieder eine große Überraschung bieten: der Abstieg von der Ermitage nach Le Puy-en-Velay, das Mézenc-Plateau zwischen Les Estables und Saint-Front und das Erblicken des Horizonts von Saint-Julien-Chapteuil bei der Besteigung des Noustoulet. Diese Orte sind außergewöhnlich. Ich erkläre dies nicht als Dichter aus dem Velay, sondern als Weltreisender.“

Die Stadt vom Corneillefelsen aus gesehen

Grüne Linsen aus Le Puy

Die im Mittleren Orient heimische Linse wurde schon in der Urzeit aufgund ihrer Eßbarkeit angebaut. Es gibt mehrere Varianten: braune, weiße und sogar rosafarbene. Die bekannteste und feinste ist die grüne, die im Velay mindestens seit Aufkommen des Christentums gedeiht. In heutiger Zeit kann die Grüne Linse aus Le Puy ein Herkunftszeugnis und ein Gütesiegel aufweisen. Sie wird auf den Plateaus nahe der Stadt in einem Umkreis von 20 bis 25 km angebaut. Ende Juni, Anfang Juli kann man auf den Feldern regelmäßige, grüne Reihen sehen, die sich von der roten vulkanischen Erde abheben. Diese Kulturen bringen kleine Linsen schöner hellgrüner Farbe hervor, die ungleichmäßige blaugrüne Marmorierungen aufweisen. Sind diese Marmorierungen häufig, so bekommt die Linse eine dunkelgrüne Farbe. Dieses charakteristische Grün setzt sich aus dem Gelb der Samenschale und dem natürlichen blauen Farbstoff des Samens zusammen. Dieser Farbstoff mit dem barbarischen Namen *Anthocyane* (griechisch: das Blau der Blumen) ist der gleiche, der auch Heidelbeeren und Kornblumen ihre Farbe verleiht. War die Linse früher hauptsächlich ein Mahl der Armen, so ist sie heute ein überall beliebtes Gericht, dessen diätetische und medizinische Qualitäten von Ernährungsspezialisten aus aller Welt gepriesen werden. Im besonderen nimmt sie Einfluss auf den Cholesterinspiegel und die Verdauung. Die raffiniertesten Köche verwenden sie wegen ihrer Feinheit und ihres delikaten Geschmacks. So bietet z. B. in New York das Plaza Athénée auf seiner Karte ein Gericht aus Le Puy-Linsen und Lachs an. In der Stadt selbst wird sie in den Restaurants eher traditionell zu Schweinerüssel oder Würsten angeboten. Man könnte sein Erstgeborenenrecht dafür verkaufen!

Ein Linsengericht aus... Le Puy

2

EINE ALTE GESCHICHTE

Die Üppigkeit der Fauna, Wasser und die Möglichkeit, Schutz unter den Felsen zu finden, veranlaßte den Menschen seit der Zeit der Urgeschichte, sich in der Region von Le Puy anzusiedeln. Daß der Mensch hier seit der älteren Steinzeit in bedeutender Anzahl anwesend war, gilt als bewiesen. Man darf davon ausgehen, dass er sich zunächst in den zugänglicheren Gegenden aufhielt: so in der Mulde von Le Puy und in den Tälern der Loire, der Allier und der Borne. Das Crozatier-Museum in Le Puy-en-Velay besitzt wertvolle Beweisstücke, die Menschen der Urzeit uns hinterlassen haben. Man kann auch einen bequemen Spaziergang in der Umgebung des Schlosses La Rochelambert unternehmen, der zu interessanten, urgeschichtlichen Höhlen führt. Sie sind innerhalb der Felsen entstanden und bilden ein Netz von Sälen in zwei Ebenen. Die gemachten Funde bezeugen, dass der Mensch hier in der Urzeit gelebt hat. Die Gallier, die diese Gegend anschließend besiedelten, nennt man 'Vellaven'. Auch sie suchten begünstigte Gegenden mit fruchtbaren Böden, und ließen sich hier nieder, wie archäologische Funde es beweisen, da hier die meisten Funde gemacht wurden. Ihre Hauptstadt *Ruessium*, das heutige Saint-Paulien, lag an der *Via Bolène*, einer altertümlichen Route, die von Bordeaux über Rodez nach Lyon führte. Die galloromanischen Funde stammen aus dem 1. und 2. Jh. n. Chr. Offenbar wurde die Stadt bei den ersten Invasionen der Barbaren im 4. Jahrhundert verlassen. Man findet keine schriftliche Erwähnung des Ortes *Anicium*, der späteren Stadt Le Puy, vor dem 6. Jahrhundert. Die Funde entstammen dem Zeitraum des 1. bis 3. Jahrhunderts. Sie bezeugen, dass es sich um ein Handelszentrum der Vellaven gehandelt haben muss, und dass Saint-Paulien wahrscheinlich eine Zwischenstation auf der *Via Bolène* gewesen war. Man weiß auch, dass sich 52 v. Chr. bei der Revolte der Gallier gegen Cäsar, die Vellaven den Arvernern und ihrem Anführer Vercingétorix anschlossen. Vergeblich! Gallien wurde römisch und somit auch der Velay.

Schriften berichten, dass der hl. Georg, ein Jünger Christi, im 1. Jahrhundert beauftragt war, im Velay das Evangelium zu verkünden. Als erster Bischof der Vellaven soll er seinen Sitz in Saint-Paulien gehabt haben, der im 4. oder 5. Jahrhundert nach Le Puy (lat.= *Podium*) verlegt wurde. Die Archäologen bestätigen dies jedoch nicht, und das Christentum ist erst seit dem 3. und 5. Jahrhundert nachweisbar. Vom frühen Mittelalter an gehen zahlreiche Pilger nach Le Puy, was Stadt und Umgebung Wohlstand bescherte. Der Höhepunkt wird im 12. Jahrhundert erreicht, und die Stadt empfängt berühmte Persönlichkeiten. Im Jahre 1146 gewährt Ludwig VII. der Stadt Vergünstigungen und verbietet jedwedem Zölle zu erheben oder Festungen in der Diözese zu errichten. Die Wallfahrten nach Le Puy hatten umsomehr Erfolg, als hier die Pilgerreisen nach Santiago de Compostela begannen.

Diese großartige Epoche wurde jedoch gestört, und die Wallfahrten, der Handel und somit der Wohlstand der Stadt in Gefahr gebracht. Ursache war der Hundertjährige Krieg, Plünderungen, blutige Rivalitäten zwischen dem mächtigen Bischof des Velay und der Familie de Polignac. Seit 924 war der Bischof auch Lehnsherr des Ortes. 1163 ernannte der König von Frankreich ihn zum Grafen und im 13. Jahrhundert drängte er die vellavischen Herren, sich als dessen Vasallen zu bekennen. Philip August gestattete 1219 den Bürgern von Le Puy eine kommunale Charta sowie die Einrichtung eines Konsulat. 1240 erreichte die Stadt ihren Höhepunkt und verblieb bis zum 18. Jahrhundert in gleichen Grenzen. Nachdem sie der Auvergne angegliedert und später der Grafschaft Toulouse, wurde Velay 1271 endgültig der Krone Frankreichs unterstellt, als Philip III., der Starke, die Grafschaft Toulouse erbte. An das Languedoc angeschlossen behielt die Stadt jedoch eine gewisse Autonomie. Gegen Ende des 15. Jahrhunderts und dem Anfang des 16. Jahrhundert war es ruhiger. Der Handel erlebte in dieser Gegend eine neue Periode des Wohlstands und der Warenaustausch konnte ohne Risiko stattfinden. Im Verlauf der Religionskriege fließt erneut Blut. Die Hugenotten besetzten 1562 Le Puy. Im Jahre 1548 wurden die Ketzer gerichtet und einige davon auf dem Platz Martouret bei lebendigem Leibe verbrannt. Le Puy war übrigens eine verschworene und besonders rebellische Stadt, eine der letzten, die Henri IV. 1594 als Autorität anerkannte. Im 17. und 18. Jahrhundert war der Handel sehr lebhaft, insbesondere durch die Spitzenherstellung, die man möglicherweise im 16. Jahrhundert von Venedig kannte und vielen Frauen im Velay Arbeit gab. Seit Beginn der Wallfahrten nach Le Puy waren hierdurch Handel und Handwerk beeinflußt. Produktion und Wohlstand hingen vom religiösen Leben stark ab. Im 18. Jahr-

hundert waren Kunst und Handwerk, mit Ausnahme der Spitzenproduktion rückläufig, und im 19. Jahrhundert gibt es nur noch wenige Handwerker.

Die Revolution teilt die Provinzen des Ancien Régime auf und gründet im Jahre 1790 das Département Haute-Loire, wobei dem Velay ein Teil der Auvergne, des Gévaudan, des Forez und des Vivarais zugeordnet wird.

Heute lebt die Wirtschaft der Region hauptsächlich von der Lebensmittelindustrie (Konserven, Liköre), der Mechanik, der Spitzenherstellung und dem Tourismus. Neben seiner architektonischen und geographischen Attraktivität bietet Le Puy zahlreiche Veranstaltungen: den Karneval im März, das Fünfzehn-Kilometer-Rennen am 1. Mai, die „Musicales von Le Puy-en-Velay", das Internationale Folklorefestival Anfang Juli, das große Fest Mariä-Himmelfahrt am 15. August, die Feste „Renaissance du Roi de l'Oiseau" (Renaissance des Vogelkönigs) Mitte September sowie das Internationale Ballontreffen am 11. November.

Spitzenklöpplerin bei der Arbeit

Spitzen aus Le Puy

Die Legende will, daß die Spitze am Anfang des 15. Jh. von einer jungen Frau namens Isabelle Mamour in Le Puy erfunden wurde. Dem damaligen Bischof fiel Isabelle Mamour auf, denn die junge Frau tat sich besonders in der Stickerei hervor. So trug der Bischof ihr auf, das feierliche Gewand für die Schwarze Jungfrau anzufertigen, das diese zum Jubelfest des Jahres 1407 anlegen sollte. Isabelle Mamour versuchte sich an allen möglichen Stickereien, aber keine erschien ihr die geeignete zu sein. So kam ihr die Idee, eine Zeichnung ihrer Stickerei anzufertigen und diese auf ein Brettchen zu legen. Dieses Muster wurde mit Nadeln so befestigt, daß sie den Faden darum herumlegen konnte: in jenem Jahr war das Gewand der Schwarzen Jungfrau von einer Feinheit und Durchsichtigkeit wie niemals zuvor. Noch heute findet man in den meisten Häusern des Velay die traditionelle „Kachel", das Handwerkszeug der Spitzenklöpplerin. Im oberen Teil be-findet sich ein Zylinder, auf dem der „Karton", das zu reproduzierende Muster, festgesteckt wird. Diesen Karton bestückt man mit Nadeln mit farbigen Köpfen, die die Fäden, die sich von den Rollen abwickeln, festhalten. Der Zylinder dreht sich langsam, die Klöpplerin versetzt die Nadeln und die Arbeit entsteht. Während der warmen Jahreszeit versammelten sich die Klöpplerinnen in „Couviges", die je nach Wind und Sonne ausgewählt werden. Hier saßen sie auf Stühlen, die Kacheln auf den Knien und ließen ihren Fingern wie auch ihren Zungen freien Lauf. Im Winter kamen sie bei „der Beate" zusammen und arbeiteten „mit der Kugel": eine kleine Wasserkaraffe, die so gestellt wurde, daß sie das schwache Kerzenlicht verstärkte. Die Aufnehmerin stellte das Bindeglied zwischen den Klöpplerinnen und den Händlern dar. Sie kam regelmäßig am Samstag oder an Markttagen vorbei, um die fertigen Spitzen abzuholen und neue Modelle zu bringen. Wichtig war auch die Arbeit der Frau, die die einzelnen Spitzenelemente zu fertigen Arbeiten zusammensetzte. Zu Beginn des 17. Jh. verbot ein königliches Dekret „den Verkauf, das Tragen und die Herstellung von Spitzen, denn da ein Großteil der Frauen sich darum kümmert, kann man keine Domestiken mehr bekommen". Die Spitzenklöpplerinnen waren um ihren Broterwerb gebracht und fanden in dem Jesuitenpater François Régis (1597-1640) einen glühenden Verteidiger. Es wird erzählt, daß er nach Toulouse reiste und das Parlament dazu bewegte, dieses Dekret zurückzunehmen. Später überzeugte er seine Mitbrüder, den Spitzenklöpplerinnen in Spanien und Amerika neue Märkte zu eröffnen. Jean-François Régis wurde 1737 heilig gesprochen, nachdem auf seinem Grab Wunder stattgefunden hatten; die dankbaren Spitzenklöpplerinnen erhoben ihn sofort zu ihrem Schutzpatron. Die Spitzen aus Le Puy waren im 17. Jh. schon recht bekannt, vor allem in Frankreich. Ihr Bekanntheitsgrad erreichte seinen Höhepunkt aber erst im folgenden Jahrhundert: sie wurden in der ganzen Welt verkauft. Die Revolution wirkte sich nachteilig aus: viele der Hälse, die sich bishermit Spitzen geschmückt hatten, wurden durchtrennt... Im 19. Jh. lebte die Herstellung wieder auf, um mit der Jahrhundertwende erneut in Vergessenheit zu geraten. Jules Ferry verbot „den Beaten" das Lehren, was den handgemachten Spitzen einen schweren Schlag versetzte; gleichzeitig tauchte ein fürchterlicher Konkurrent auf: die maschinell hergestellte Spitze. Die Zeit, in der die Dörfer des Velay und die Straßen von Le Puy vom Klappern der Klöppel wiederhallten ist vorbei... Seit Mitte der 60er Jahre versucht Mick Fouriscot in ihrem *Atelier Conservatoire de dentelle à la main* diese Kunst wieder aufleben zu lassen. Mit einem dynamischen Team organisiert sie Kurse zum Erlernen des Spitzenklöppelns. Die Schule empfängt Besucher, die hier eine kleine Ausstellung von Spitzen sehen können und vor allem den Klöpplerinnen bei der Arbeit zusehen dürfen. Welch schöner Anblick sind diese Hände, die mit großer Fingerfertigkeit die Nadeln auf dem Karton feststecken, die Klöppel geschwind einen über den anderen sausen lassen, um das Muster zu vollenden, und die vielen Fäden, die sich nach und nach zu einem Bild zusammenfinden.

2

BESUCHE

KATHEDRALE UND KREUZGANG

Die Entstehung

In der galloromanischen Epoche bestieg eine ältere, unter starkem Fieber leidende Frau nach einer Vision den Berg Anis (Corneille).

Dort angekommen, schlief sie erschöpft ein und erblickte beim Erwachen die Jungfrau Maria auf einem Dolmen, die sich eine Kirche an diesem Ort wünschte. Der Heilige Georg, damals Bischof von Velay, hörte davon und begab sich auf den Berg. Mitten im Juli lag tiefer Schnee, ein Hirsch erschien und zeichnete die Umrisse eines großen Gotteshauses in den Schnee. Die Botschaft war klar, aber nicht einfach in die Tat umzusetzen. Es fehlte an Geld, und der arme Bischof mußte sich damit zufrieden geben, den Grundriss in Erwartung besserer Zeiten mit einer Hecke aus dornigen Sträuchern zu umgeben. Am folgenden Morgen war die Hecke über und über mit Blumen bedeckt. Die Zeit verging, und eine weitere Wunderheilung geschah auf dem Felsen unter ähnlichen Umständen; die Jungfrau Maria wiederholte ihren Wunsch. Der damalige Bischof, Vosy, machte sich also auf den Weg nach Rom zum Papst, um von diesem die Erlaubnis einzuholen, auf dem Felsen eine Kirche zu erbauen und den Bischofssitz dorthin zu verlegen. Scutaire, römischer Senator und Architekt, sollte mit dem Bau betraut werden. Als der Bau beendet war, begaben sich der Bischof und sein Gehilfe wiederum nach Rom, um die Weihe zu erhalten. Auf dem Weg trafen sie zwei alte Männer, die ihnen rieten, dahin zurückzukehren, wo sie herkamen, und die nach folgenden Worten verschwanden: „Wir gehen euch voraus und werden uns um alles kümmern". Als Vozy und Scutaire in Anis eintrafen, fanden sie ihre Kirche in ein unwirkliches Licht getaucht vor, die Glocken wurden von Unsichtbaren geläutet. Die Weihung der ersten Kirche

Der Dolmen

Zuerst stand der von der Jungfrau geheiligte Dolmen nahe der Apsis. Aber langsam gerät die Erscheinung in Vergessenheit. Einige sehen nur ein heidnisches Überbleibsel und verlangen seine Zerstörung; andere sehen ihn weiterhin als den Thron der Jungfrau an und fordern seinen Erhalt. Die Gründungsgeschichte wurde um die Romreise von Vozy bereichert, als er den Papst um Hilfe bat, und um die Episode vom Anfang des 7. Jh. Dies alles rettet nicht das Denkmal. Nun wird der Dolmen zerstückelt: seine Platte bleibt noch einige Zeit stehen, aber das ist noch zu viel... Der lateinische Satz, auf dem Stein, legt Zeugnis der Anfechtungen ab: „Die Menschen, die sich auf diesem Stein vereinen und hier schlafen, werden geheilt. Willst du wissen, warum? Diese Macht gehört dem Altar". Der Satz forderte den „Fiebergläubigen" auch auf, sich nicht dem Kult des „Talismans" zu weihen, den die Platte darstellte, sondern dem traditionellen Altar daneben. Anfang des 11. Jh. wird die Steinplatte in den Boden des südlichen Seitenschiffes eingelassen. Acht Jahrhunderte lang wird sie dort verehrt. Überlieferungen zeugen davon, daß die Steinplatte und sogar das ganze Gebäude von den sogenannten „Fiebergläubigen" besucht und verehrt wurde, die hier Wunder erflehten. Im 18. Jh. ließen die Kirchenfürsten den Stein aus der Kathedrale entfernen. Der Klerus wollte nichts mehr von der Platte wissen, denn ihm waren wohl die vielen Kranken zuviel, die in der Kathedrale übernachteten. Der Stein wurde auf den höchsten Absatz der Fassadentreppe gebracht. Heute befindet er sich wieder im Inneren, in der Kapelle des Heiligen Kreuzes.

von Le Puy war Engelswerk, so hieß es; aus diesem Grund nannte man sie auch Engelsraum. Laufe der Zeit wurde die Geschichte über die Gründung der Kathedrale von den Chronisten verzerrt dargestellt (und dies von ihrem Ursprung bis ins 19. Jh.!). Daraus entstanden diese schönen Legenden, in denen immer neue Namen von Gründern und Bischöfen, die am Bau beteiligt waren, genannt wurden. In seinem Buch *Die Jungfrau und der Dolmen* hat Abt Fayard die verschiedenen Erzählungen von Überflüssigem befreit, um der Wahrheit auf den Grund zu kommen; sein Urteil gilt heute als Basis. Weder der Heilige Georg noch Bischof Vosy bauten die Kathedrale, aber Bischof Scutaire, wie zwei Inschriften bezeugen: zum einen sein Epitaph, zum anderen der Satz „Bischof, Senator und Meister der Kunst", der sich nur auf ihn beziehen kann. Scutaire erbaute die erste Kirche zwischen 415 und 430 n.C.; zur gleichen Zeit verlegte er den Bischofssitz aus dem Vorort von *Galabrum* in die Stadt. Ganz sicher war er von der Erscheinung der Jungfrau Maria auf dem Dolmen überzeugt, denn er integrierte diesen in seine Kirche, obwohl zu dieser Zeit jeder Priester gnadenlos exkommuniziert wurde, der heidnische Kulte auch nur tolerierte! Zweifellos hatte er die Zustimmung hierzu von den kirchlichen Würdenträgern...Falls ein Bischof also nach Rom gereist ist, dann sicherlich nicht, um Genehmigungen einzuholen, die er gar nicht benötigte, sondern vielmehr um die Erlaubnis zu erlangen oder sich bestätigen zu lassen, daß ein Dolmen Teil einer Kirche werden durfte. In Wirklichkeit wurde diese Kirche auf den Ruinen eines römischen Tempels erbaut, wie die Inschrift auf der Rückseite des Grabmals von Scutaire beweist. Dieser Tempel, der nahe einer heiligen Quelle stand, beherbergte den Dolmen und war Adidon und Augustus geweiht. Der Tempel, der ungefähr die gleichen Maße wie das „Maison Carrée" in Nîmes aufweist, wurde wahrscheinlich Anfang des 5. Jh. zerstört, als die christlichen Kaiser die Vernichtung der heidnischen Tempel anordneten. Für das Kirchenschiff verwendete Scutaire

davon einige Bauteile; galloromanische Grabsteine wurden für die Seitenschiffe benutzt. Die primitive Kirche war ein Bauwerk von 12 Metern Breite und 24 Metern Länge; sie hatte nur ein Schiff, dem im 6. Jh. die Seitenschiffe angefügt wurden. Das südliche war dazu bestimmt, das Grabmals Scutaires aufzunehmen. Mit der wachsenden Bedeutung, die Le Puy in der christlichen Welt gewann, wurden Anbauten bald notwendig. Als einer der Ausgangspunkte für die Pilgerfahrten nach Santiago de Compostela wurde die Stadt ausgewählt, um den ersten Kreuzzug ausrufen, zu dessen Anführer ihr Erzbischof bestimmt wurde. Die Marienstadt mit ihren Pilgern entwickelte sich blühend, und die Kathedrale mußte alle Gläubigen fassen können. Schon vor dem Jahr 1000 wurde ein drittes Gewölbe den beiden anderen zugefügt, ein viertes folgte im Laufe des 11. Jh. In der zweiten Hälfte des 12. Jh. wurde die Kirche um zwei weitere Gewölbe vergrößert, die waghalsig auf Säulen oberhalb des Abgrundes stehen. Dieser letzte Anbau zeugt eindeutig von byzantini-

Das Jubelfest von Le Puy

Die Voraussage des Mönches Bernhard war fürchterlich... Am 25. März 992 kommt das Ende der Welt! An diesem Tag erhoben sich überall in Frankreich gemeinsam die Priester. In Le Puy strömten die Gläubigen zusammen, um sich in den Schutz der Jungfrau zu begeben, im besonderen kamen sie zur Notre-Dame der Verkündigung. Der 25. März 992 fiel zufälligerweise auf den Karfreitag. In Erinnerung an diesen denkwürdigen Tag erhob Papst Johannes XV. den 25. März zum Jubeltag, der in Le Puy jedesmal gefeiert wird, wenn Marias Verkündigung und das Leiden Christi auf den gleichen Tag fallen. Der 29. und bisher letzte Jubeltag zog 1939 mehr als 300.000 Pilger in eine beflaggte und festlich beleuchtete Stadt. Das nächste Jubelfest wird im Jahre 2005 stattfinden.

schem und orientalischem Einfluß. Die umfangreiche Restaurierung, die im 19. Jh. vorgenommen wurde, wurde zum Teil getreu, zum Teil recht phantasievoll ausgeführt. Von den sechs Gewölben sind nur das dritte und das vierte noch im Originalzustand. Der Rest der Kirche wurde fast völlig wiederaufgebaut; aber trotzdem kann man noch heute die drei verschiedenen Bauetappen erkennen. Die Veränderungen und Anbauten zeugen von der Beliebtheit der Wallfahrten zur Notre-Dame du Puy schon im hohen Mittelalter; die berühmtesten Persönlichkeiten des Königreiches nahmen daran teil. Karl der Große war der erste der französischen Könige, der nach Le Puy kam; François I der letzte. Die drei Wallfahrten von Ludwig IX, der unter dem Namen Heiliger Ludwig besser bekannt ist, haben sich ins Gedächtnis der Menschen von Le Puy besonders gut eingeprägt: er vermachte der Kathedrale einen Dorn aus der Heiligen Krone, und die Chronisten sprechen ihm oft – zu Unrecht – die Spende der Schwarzen Jungfrau zu. Johanna von Orléans, die selbst nicht am Jubeljahr 1429 teilnehmen konnte, schickte ihre Mutter, Isabelle Romée, sowie ihre beiden Brüder und zwei der Junker, die sie nach Chinon begleitet hatten. Sechs Päpste kamen nach Le Puy, um sich zu sammeln. Im 11. Jh. stellte einer von ihnen, Leo IX, fest, daß „Le Puy die wichtigste Marienstadt Frankreichs sei". Was kann man über die Pilgerfahrten der vielen Heiligen sagen? Sankt Anton von Padua, Sankt Dominik, die Heilige Colette, Sankt Bénilde, um nur die bekanntesten zu nennen, haben ebenfalls der Notre-Dame du Puy ihre Ehre erwiesen. Man ist versucht, die Worte des Abtes Fayard zu ergreifen: „Le Puy war in Frankreich das Lourdes des Mittelalters (...) Hier und da wünschte sich die Heilige Jungfrau ein Gotteshaus, das dort länger als ein Jh. und hier länger als 1500 Jahre unzählige Gläubige anzieht." Die Ironie der Geschichte: Im 8. Jh. weigerte sich der Mirat Maurenchef, sich Karl dem Großen zu ergeben; dagegen stimmte er zu, sich Notre-Dame du Puy zu unterwerfen, deren Oberhoheit er anerkannte.

Kathedrale: Schlusstein mit der Jungfrau

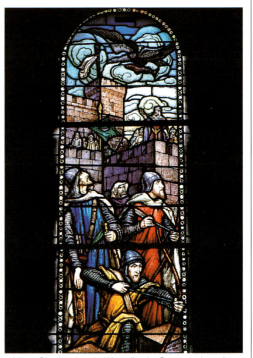

Mirat Glasfenster der Kapelle der Burg von Lourdes

Die Kathedrale

Die östliche Fassade erhebt sich hoheitsvoll am Fuße der malerischen Straße und Platz Tables. Bei der Renovierung der beiden ersten Gewölbe im letzten Jahrhundert wurde sie von den umliegenden Bauten befreit. Gleichzeitig wurden auch die Treppen geschaffen – eine vielleicht nicht so gute Idee. Diese Hauptfassade ist in drei Abschnitte, die mit dem Schiff und den Seitenschiffen übereinstimmen, unterteilt, sowie in drei horizontale Zonen. Die orientalische Farbenvielfalt und die zahlreichen Arkaden lockern die Geometrie auf. Im Hintergrund links zeichnet sich die Fassade des Pechnasengebäudes („Mâchicoulis") ab. Nach dem Treppenaufstieg geht der Besucher durch Torbögen, und wird, falls er den Blick hebt, von einem *Agnus Dei*, das in das Gesims eingemeißelt ist, begrüßt, und entdeckt dann im Untergeschoß die Gewölbe, die den ursprünglichen Gewölben der Kathedrale entsprechen. Die ersten beiden ehemals unterirdischen stammen aus dem 12. Jh.; sie haben aber Spitzbögen, die im 14. Jh. hinzugefügt wurden. Das erste besitzt einen Schlußstein mit der Darstellung der Jungfrau Maria als Mutter, umgeben von Symbolen der vier Evangelisten. Im nächsten Gewölbe öffnen sich zwei Seitentüren, die wie die Fassade aus der Mitte des 12. Jh. stammen: die Seitenschiffe sind in Kapellen umgewandelt worden. Die Türen mit bemerkenswerten Reliefs werden „Zederntüren" genannt; in Wirklichkeit wurden sie aus Kiefernholz der Umgebung gearbeitet. Die Tür der Kapelle des Heiligen Gilles auf der Nordseite stellt Szenen der Geburt Christi dar; die Kapelle des St. Martin ist mit Episoden aus Christi Leidensweg verziert. Trotz der heute schwer zu entziffernden Szenen sind die Inschriften der imitierten kufischen Schrift gut lesbar und verdeutlichen auch hier den arabischen Einfluss auf die Kunst von Le Puy. „Wenn Du Dich nicht vor der Sünde bewahren kannst, so übertrete nicht diese Schwelle, denn die Königin des Himmels will eine Verehrung ohne jede Besudelung" lautet eine lateinische Inschrift auf der

Die orientalisierende Kunst von Le Puy

Das orientalisch anmutende Aussehen der Kathedrale und anderer Bauwerke von Le Puy überrascht ganz sicher den Besucher. Denken wir an Émile Mâle, der schrieb: „Die Kathedrale von Le Puy ist eines der schönsten Bauwerke der christlichen Welt. Mehr als jede andere beeinflusst sie die Vorstellungskraft durch ihr geheimnisvolles Inneres, durch ihren eigenwilligen, teilweise arabischen Schmuck, durch ihre orientalischen Kuppeln. Sie scheint aus einem weit entfernten Land in diese Berge gebracht worden zu sein." Schon Émile Mâle bemerkte die auffallende Ähnlichkeit zwischen der Moschee von Cordoba und dem Kreuzgang der Kathedrale von Le Puy. Das Zusammenspiel von roten Backsteinen und weißem Stein dort findet hier sein Gegenstück in der Verarbeitung von schwarzem Lavagestein und Weißen Steinen. Dieser Einfluß arabischer Kunst ist eng mit der bewegten Geschichte der Stadt verknüpft. Als am 15. August 1095 Mariä Himmelfahrt in Le Puy gefeiert wurde, rief Papst Urban II zum ersten Kreuzzug auf und bestimmte Adhemar de Monteil zum Anführer. Unter der Begleitung von 400 Kreuzfahrern begab sich der Autor des berühmten *Salve Regina* von Le Puy aus auf den Weg in den Orient. Bei der Belagerung von Antiochia wurde er tödlich verletzt, andere aber kamen wieder in ihre Heimat zurück. Sie brachten diese neue Kultur mit, die bald die Kunst ihrer Stadt beeinflusste. Dies ist aber nicht der einzige Grund für die die Präsenz arabischer Kunst in Le Puy, denn gleichzeitig war die Stadt Treffpunkt für die Pilger von und nach Santiago de Compostela. Diese wiederum waren in Spanien von den Meisterwerken arabischer Baukunst beeindruckt worden und trugen ebenfalls zur weiteren Verbreitung der orientalischen Kunst in Le Puy bei.

achten und neunten Stufe des nächsten Gewölbes. Schöne Fresken aus dem 13. Jh. schmücken dieses Gewölbe. Weiter oben tritt man durch die „Goldene Tür", die auf beiden Seiten mit antiken Säulen aus rotem Porphyr flankiert wird. Die früher mit zieliertem Kupfer beschlagenen Türflügel haben ihr diesen Namen verliehen. Heute sind sie aus Gusseisen. Auf dem Treppenabsatz, auf den die „Goldene Tür" führt, liegt der berühmte Stein der Verkündigung. Früher führte die Treppe zur Mitte des Schiffes weiter bis vor den Lettner, was den Bruder Theodor zu folgender Aussage veranlaßte: „Man betrat die Marienkirche durch den Nabel und verließ sie durch die Ohren!". Dieser Zutritt wurde 1781 beseitigt: die mittlere Treppe wurde zugemauert und der Eingang dadurch nach links in Richtung Kreuzgang verlegt. Die rechte Treppe wurde so verändert, daß man über sie Zugang durch das südliche Seitenschiff ins Hauptschiff gewann: dies ist auch heute noch der Haupteingang. Beim Betreten der Kathedrale entdeckt man ein einfaches lateinisches Kreuz. Das Hauptschiff besteht aus sechs Gewölben, die von Seitenschiffen begrenzt werden; das Querschiff hat an jedem Ende gleichartige Chorkapellen. Die Besonderheit dieses Bauwerkes zeigt sich in den sechs Kuppeln, die auf achteckigen Gewölbekappen ruhen, die die gewohnten Gewölbe ersetzen und so einen orientalischen Einfluss ganz deutlich darstellen. Viele Säulenkapitelle sind mit Pflanzen verziert, manche auch mit menschlichen Figuren. Im Hintergrund der Kathedrale wird das Auge des Besuchers unweigerlich von einer geschnitzten Tafel aus vergoldetem Holz angezogen; sie stellt die Kreuzigung des Sankt Andreas dar und erinnert daran, daß ihm früher dieser Teil des Bauwerks gewidmet war. Die wunderschöne Kanzel ist ebenfalls teilweise ein Werk von Pierre Vaneau. Früher war sie der Mittelpunkt des halbkreisförmigen Lettners, der die Kathedrale in zwei Teile teilte, den Chor Notre-Dame, der für die Domherren reserviert war, und den Chor des St. Andreas. Auf der Spitze der Kanzel thront in einem fliessenden Mantel der Ewige Vater, leicht geneigt und den Weg weisend, als klare Anspielung auf

Kathedrale, nördliches Seitenschiff: *Das Pestgelübde* von Jean Solvain

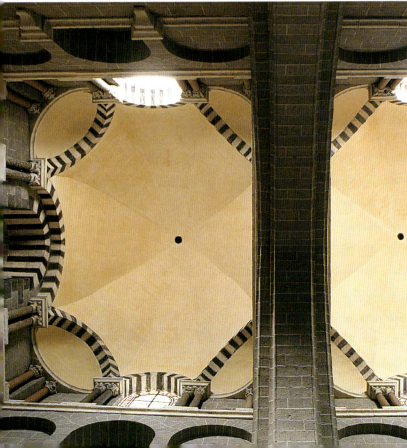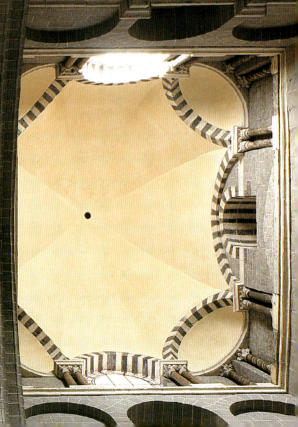

die Rolle des Kanzelredners. Mit Girlanden verzierte Säulen, wunderhübschen kleinen Vögeln, Blumengewinde... diese Kanzel ist ein wahres Spiegelbild des 17. Jh.! Ihr gegenüber sehen wir einen polychromen Holzchrist aus dem 14. Jh. Das nördliche Seitenschiff schmückt ein großes Bild (3 x 7 m) von Jean Solvain *Das Pestgelübde* aus dem Jahre 1630. Es stellt die Prozession der Schwarzen Jungfrau dar, die ein Jahr zuvor auf dem For-Platz stattfand, um das abrupte Ende einer ganz besonders tödlichen Epidemie zu feiern. Im südlichen Seitenschiff hängt ein Gemälde von Jean François *Das Gelübde der Konsuln*, 1653 entstanden, das ebenfalls an das Ende einer Pestepidemie erinnert, die im gleichen Jahr wütete. Den Hauptaltar aus dem 18. Jh. schmücken Bronzefiguren, die von dem bekannten Bildhauer Caffieri stammen. Die heutige Statue der Schwarzen Madonna, ebenfalls 18. Jh., stammt aus der Kapelle St. Moritz; sie wird heute anläßlich der großen Marienprozessionen festlich durch die Straßen getragen. Hierbei handelt es sich leider nur um eine Kopie der Originalstatue, die

Kathedrale: Orgel

Kathedrale, südliches Seitenschiff: *Das Gelübde der Konsuln* von Jean François

Die geheimnisvolle Schwarze Madonna

Außer einigen hypothetischen Wiedergaben gibt es keine Spuren eines Bildnisses der in der Kathedrale vor dem Ende des 10. Jh. verehrten Jungfrau. Zu dieser Zeit soll sie durch die erstaunliche Schwarze Jungfrau ersetzt worden sein, die Faujas de Saint-Fons im 13. Jh. in aller Ruhe studieren konnte. Die von ihm hinterlassene Beschreibung und Zeichnung sind sicher getreue Wiedergaben. Es handelte sich um eine Statue aus Zedernholz, die die Jungfrau auf einem Thron sitzend darstellte, das Jesuskind auf den Knien. Die Gesichter von Mutter und Kind waren schwarz, die Hände aber weiß. Im Gesicht Marias stachen Augen aus Glas und eine übergroße Nase hervor. Die Madonna war mit einem Gewand in orientalischem Stil in den Farben rot, blaugrün und ocker gekleidet und trug eine Art Helm aus vergoldetem Kupfer mit Ohrenklappen, verziert mit antiken Kameen. Die Statue war völlig in Lagen aus feinem, bemaltem Stoff eingewickelt, die auf dem Holz festgeklebt waren. Nach Faujas de Saint-Fons

handelte es sich um eine sehr alte Statue der Isis, die man in die Jungfrau verwandelt hatte. Man muß zugeben, daß Isis-Statuen mit Osiris auf den Knien ihr auf frappierende Weise ähnlich sehen. Eine andere Hypothese handelt von einer äthiopischen Statue, aber es ist ebensogut möglich, daß ein arabischer Kunsthandwerker sie vor dem Jahr 1000 in Le Puy gefertigt hat. Im Januar des Jahres 1794 wurde die Schwarze Madonna von ihrem Altar heruntergerissen, ihrer Reichtümer beraubt und dem Archiv übergeben. Unglücklicherweise erinnerte man sich am 8. Juni 1794 zu Pfingsten wieder an sie: Vertreter der revolutionären Macht holten sie, um sie auf dem Martouret-Platz zu verbrennen. Als die mit Farbe getränkten Stofflagen verbrannt waren, öffnete sich eine kleine Geheimtür im Rücken der Statue und eine Art Pergamentrolle kam zum Vorschein; trotz aller Proteste wurde kein Versuch unternommen herauszufinden, was sie wohl enthielt.

Kathedrale, Kopie der Schwarzen Madonna aus dem 18. Jahrhundert

während der Revolution verbrannt wurde. Die Darstellung von Maria Himmelfahrt von Pierre Vaneau, die über dem Chor hängt, hatte mehr Glück: die Revolutionäre stellten sie der „Göttin der Vernunft" gleich und verschonten sie. Tief versteckt in der Apsis steht die prächtige Orgel, die seit dem Ende des 17. Jh. viele Künstler an sich arbeiten lassen mußte: François Tireman aus Cambrai, später Pierre Vaneau, schließlich Buffet und Mathieu Bonfils. Im linken Flügel des Querschiffs liegen zwei Kapellen mit Fresken aus dem 12. und 13. Jh. Die Freske der Heiligen Frauen am Grab in der ersten Kapelle steht ganz unter dem Einfluß der byzantinischen Feierlichkeit. Am Ostermorgen entdecken die Heiligen Frauen das leere Grab Christi, während ein Engel sie auf eine lateinische Inschrift aufmerksam macht: „Er ist wiederauferstanden, er ist nicht mehr hier". In der benachbarten kleinen Apsis befindet sich die reliefartige Freske des Martyriums der Heiligen Katharina von Alexandrien. Sie wird durch mit Schwertern bestückte Räder hingerichtet; beidseitig wachen

Martyrium der hl. Katharina von Alexandrien

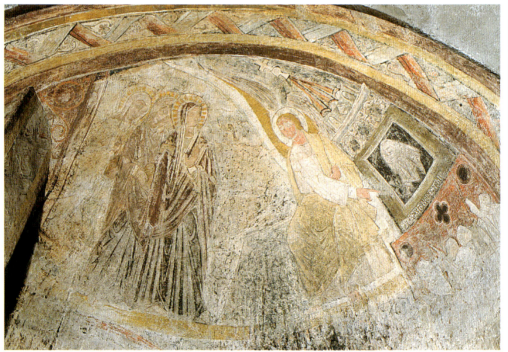

Kathedrale, Freske des Altars Sacré-Cœur: die Heiligen Frauen am Grab, 17. Jh.

Kathedrale, nördliches Querschiff: Freske des hl. Michael ▶

Engel über sie. Kaiser Maximin und sein Gefolge sehen verblüfft die berstenden Räder, die auf die Philosophen und Folterknechte zurollen. In der Kapelle des Heiligen Kreuzes links vom Hauptaltar befindet sich ein Christus aus vielfarbigem Holz aus dem 15. Jh. Über eine Treppe gelangt man auf die Tribüne zu einer der bemerkenswertesten Fresken der Kathedrale: ein gigantischer, byzantinischer Sankt Michael, mit seiner Höhe von 5,55 m die größte gemalte Figur Frankreichs. Weniger gut erhaltene Fresken aus dem 11. Jh. zeigen Szenen aus dem alten Testament. In der Mitte des seitlichen Nordostgewölbes findet man eine Hand, deren Daumen und Zeigefinger vereint sind, die anderen drei Finger sind gestreckt. Die Geste gehört dem byzantinischen Ritus an: die ersten beiden Finger symbolisieren die Göttlichkeit und die Menschlichkeit, die anderen drei die Dreieinigkeit. Das Meisterstück des Schatzes ist die Bibel des Théodulphe, heute nur noch auf Fotografien zu sehen. Dieses Manuskript entstand auf Wunsch Kaisers Karl dem Großen in der Benediktinerabtei von Fleury (Saint-Benoit-sur-Loire) unter Anleitung von Théodulphe, damals Bischof von Orléans und Abt von Fleury. Es besteht aus 348 Seiten Velinpapier. Die Bibel des Théodulphe stellt das schönste Beispiel karolingischer Schönschreibkunst dar. Das Manuskript ist sehr gut erhalten, und seine farbigen Verzierungen, silbernen Buchstaben und goldenen Titelunzialen kommen noch voll zu Geltung. Bischof Théodulphe soll es persönlich der Kathedrale Notre-Dame du Puy als Weihbild vermacht haben. Eine auf Holz gemalte Pièta aus dem 15. Jh. erweckt die Aufmerksamkeit des Besuchers durch die ausdrucksvolle Darstellung der Personen. Im Dornenreliquiar befindet sich nur noch ein Fragment des Geschenks des Kardinals von Lyon als Ersatz für einen vom Heiligen Ludwig vermachten Dorn. Während der Revolution wurde er nach St. Etienne in Sicherheit gebracht; der Sturm geht vorüber, aber anschließend wollte sich die Geistlichkeit nicht von den Reliquien trennen… und trotz vieler Bitten befindet sie sich noch heute dort.

Schatzkammer der Kathedrale: Bibel von Théodulphe

Die Wege nach Santiago de Compostela

Im Jahre 950 unternahm ein französischer Pilger erstmalig eine Wallfahrt zum Grabe des heiligen Jakobus in Compostela, eine Pilgerfahrt, die anschließend große Beliebtheit fand. Dieser erste Pilger war der Bischof Godescalc aus Le Puy. Sein Glaube führte ihn zum Grabe des heiligen Jakobus des Älteren, einem Apostel Christi. Der Fischersohn aus Galiläa war von Jesus beauftragt, das Evangelium auf der iberischen Halbinsel zu verkünden. Er wurde jedoch im Jahre 44 in Jerusalem festgenommen und enthauptet. Seine Anhänger legten den Leichnam in ein Boot, das wundersamerweise in Gallizien ankam, wo Jakobus gefunden und begraben wurde. Etwa 800 Jahre später entdeckte der Bischof Theodomir das Grab an einem Ort, der im 10. Juhrhundert Compostela genannt wurde. Im 12. Juhrhundert erlebte die Wallfahrt einen großartigen Aufschwung in ganz Europa. Die Stadt Le Puy wird zu einem der bedeutendsten Ausgangspunkte der Straßen nach Santiago de Compostela. Mit Pilgerstab, Kürbis und Muschelemblem ausgerüstet trafen sich hier die Pilger, um den Weg gemeinsam zu gehen, der zu gefährlich war, um ihn alleinreisend anzutreten. Von den vier großen Wanderwegen der Pilger wird heute noch vorzugsweise die *Via Podiensis* benutzt, die Straße von Le Puy, die bereits im Jahre 1130 schriftlich erwähnt wurde. Zweifelsohne, aus dem Grund, weil sie ihre Originalität bis heute erhalten hat. In Puente la Reina vereinigen sich die vier Wege und von dort führt nur noch ein Weg nach Compostela. Heutzutage, nach der Vereinigung Europas, ist es eine Bereicherung, die *Via Podiensis* zu erwandern, die über die Städte Conques, Moissac, Eauze, Aire-sur-l'Adour, Ostabat und Roncevaux, führt und über Goethes Gedanken zu meditieren, an die der Pilgerpapst Johannes-Paul II. erinnert: „Das Gewissen Europas hat sich durch Wallfahrten gebildet."

Ein Pilgerumhang aus dem 16.Jh., Schloss La Rochelambert

1 For Portal

2 For Portal: gemeißelte Hand,
einen Spitzbogen
haltend

3 Portal und Taufkapelle Sankt
Johannes

4 For Portal, ein Kapitell: der Luxus

Am Fuße des Glockenturms

Das For Portal wurde im 12. Jh. erbaut. Eine Kapelle, die Verbindung zur Südtribüne, überragt es seit Ende des 13. oder Beginn des 14. Jh. Wenn man sich es ansieht, fragt man sich, ob es das Werk eines Architekten oder eines Juweliers ist. Der Blick des Betrachters wird von dem (zu?) großen Reichtum und der Vielfalt der Schmuckelemente gefangen genommen, aber vor allem von der Feinheit der handwerklichen Arbeit. Wie kann man unberührt bleiben von diesen teils geriefelten, teils gaufrierten Säulen, in Anbetracht der Anzahl der Bögen, von denen einige nur aus Gottes Gnade zu halten scheinen, vom Wechsel zwischen hellen und dunklen Bruchsteinen? Im nordöstlichen Winkel hält eine Hand mehrere Spitzbögen zusammen. Aber am erstaunlichsten sind die Skulpturen der Kapitelle, die die sieben Hauptsünden versinnbildlicht darstellen: Die Gefräßigkeit: einen Bissen verschlingender Rachen; der Zorn: eine Fratze zwischen zwei Wölfen; der Stolz: zwei Adler; der Neid: ein zähneknirschender Hund; der Luxus: Meerjugfrauen mit zwei Schwänzen; der Geiz: eine verschnürte Geldbörse; die Faulheit: ein der Sonne zugewandter Mann. Die große Tür, die in das Querschiff führt, ist mit Dämonenköpfen verziert; auf dem linken Kapitell kommt Adam aus dem Blätterwald hervor, während Eva sich in einer Ecke versteckt. Oberhalb der Säulendeckplatte flehen eine Frau und ein Mann um Einlass in die Kirche. Über der kleinen Tür, die auch die „päpstliche Tür" genannt wird, befindet sich ein dreieckiges Tympanon mit der Grabschrift Scutaires: *scutari papa vive deo*, „Scutaire, Vater des Vaterlandes (PATer PATriae), leben Sie in Gott". Auf der anderen Seite finden wir die Widmung an Adidon und Augustus des römischen Tempels. Päpste, Kardinäle und kirchlichen Würdenträger betraten die Kathedrale durch das For Portal. Vor dem Eingang bemerkt man vom kleinen Platz aus die Renaissancefassade des Bischofspalastes.

Vom Hof nahe der Sakristei kann man die Außenmauer der Apsis sehen. Vier galloromanische Flachreliefs, die verschiedene Tiere darstellen, machen auf sich aufmerksam. Es sind Friesfragmente des römischen Tempels, die Scutaire beim Bau der Außenmauer seiner Kirche verwendete. Oberhalb steht die lateinische Inschrift: „Wen die Kunst des Hippokrates nicht heilt, dem hilft dieser Brunnen durch göttliche Kraft". Sie bezieht sich auf den kleinen Brunnen mit einer alten heiligen Quelle. Auch im Innern des Glockenturmes befinden sich Reliefs aus der galloromanischen Epoche, die beim Bau des nördlichen Seitenschiffes aus dem 6. Jh. verwendet wurden. Erkennbar sind außer dem entwaffneten Herkules auch Marktszenen und Darstellungen des Familienlebens sowie eine Grabschrift, die die Vermutung untermauert, daß diese Überreste von Grabsteinen stammen. Der Glockenturm wurde im 12. Jh. erstellt und im 19. Jh. wieder aufgebaut. Der Bau hat eine Höhe von 56 m, unterteilt in sieben Etagen, die mit dreipässigen Bögen, Zwillingsfenstern und großen Figuren verziert sind. Er besitzt noch heute seine große Glocke und zwei kleine, die der Beschlagnahme des Jahres 1793 entgingen. Gegenüber dem Glockenturm liegt die Taufkapelle Sankt Johannes, die von zwei mächtigen Löwen bewacht wind. Sie wurde im 11. Jh. errichtet und diente bis zur Revolution zur Taufe der Kinder des Landes. Heute können wir hier noch das Taufbecken sehen. Der Portalvorbau St. Johannes bietet in einiger Entfernung, verglichen mit dem For Portal, einen sehr strengen Anblick. Die Tür ist im Stil der Auvergne ganz mit Leder bezogen. Romanische Türbänder aus dem 12. Jh. vollenden ihre Ausschmückung. Während der Revolutionszeit wurde das Portal stark beschädigt. Trotzdem kann man heute noch Christus mit seinem Heiligenschein erraten, der von zwei Engeln umgeben ist. Darunter sehen wir Sankt Cäne, an die eine Inschrift erinnert. Einst traten durch diese Tür die Könige, Prinzen und alle die, die Provinz Languedoc regierten. Im ersten Stock liegt der Gewölbesaal, der zur Tribüne führt.

Der Kreuzgang

Hinter dem Portalvorbau von St. Johannes liegt links der Eingang zum wunderschönen romanischen Kreuzgang. Erbaut vom 11. bis 12. Jh. weist er wie auch die Kathedrale byzantinische und arabische Einflüsse auf. Trotz der zahlreichen Veränderungen, die im Laufe der Jahrhunderte vorgenommen wurden und das ursprüngliche Aussehen verändert haben, bleibt der Kreuzgang doch ein Ort des Friedens und der Gnade. Über Arkaden aus viereckigen Pfeilern, an die sich monolithische Säulen lehnen, erhebt sich ein Mosaik aus weißen, roten und schwarzen Rhomben. Das darüber liegende, reich verzierte Gesims umläuft den gesamten Kreuzgang, wird aber ein wenig vom heutigen Dach verdeckt. Die geschnitzten Symbole der vier Evangelisten in den vier Ecken scheinen über die wenigen menschlichen Figuren zu wachen, die sich mit Fabelwesen mit geschärften Krallen und Zähnen den Platz teilen müssen. Die Fabelwelt des Mittelalters wird hier auf erstaunliche und brillante Weise dargestellt. Die zahlreichen Kapitelle stammen nicht alle aus der gleichen Epoche und sind auch nicht alle von gleicher Qualität. Die meisten stellen pflanzliche Motive dar; nur fünfzehn haben Figuren als Motive. Manche tragen traditionelle Verzierungen: die Symbole der Evangelisten, *Agnus Dei*, Tauben, die aus einem Kelch trinken... Andere jedoch sind weniger landläufig und daher recht bemerkenswert. So sieht man z. B. in der westlichen Galerie neben einem Engel, der zwei Dämonen die Seele entreißt, einen Abt und eine Äbtissin, die sich streiten. Beide versuchen, einander den Krummstab zu entreißen, das Symbol der Macht; hinter ihnen lachen die Dämonen aus vollem Halse. Ein Stückchen weiter in der gleichen Galerie sind zwei Löwen mit der gleichen Kette gefesselt, und auf der Hofseite findet ein merkwürdiges Zentaurenrennen statt: das männliche Tier verfolgt seine Gefährtin und fängt sie am Schwanz, während eine andere Person zuschaut... Heißt dies, daß das Laster überhand gewinnt über die Tugend? Im 19. Jh. konnte man noch die Wohn-

Kreuzgang, ein Kapitell: Disput um den Krummstab

Kreuzgang, ein Kapitell: Zentauren-Rennen

Kreuzgang, Ausschnitt aus dem gemeißelten Gesims

räume der Domherren und der Kleriker sehen, die oberhalb des heutigen Daches der östlichen und westlichen Galerien lagen, sowie einen überdachten Chorumgang über der Nordgalerie. Der Chorumgang lehnte sich teilweise an den Turm Sankt Mayol an, ehemalige Festung und Gefängnis des 12. Jh., der allerdings im letzten Jahrhundert aus Sicherheitsgründen abgerissen wurde. Von der östlichen Galerie aus führt eine merkwürdig geschnitzte Tür in den Kapitelsaal, der auch unter dem Namen „Totenkapelle" bekannt ist. Ursprünglich wurde er als Versammlungsraum benutzt. Später diente er als Totensaal, in dem die verstorbenen Priester beigesetzt wurden. Die zahlreichen Grabplatten legen Zeugnis hiervon ab. Diese Kapelle ist besonders wegen ihrer Kreuzigungsfreske, Ende des 12. oder Anfang des 13. Jh. entstanden, bemerkenswert, die den orientalischen Einfluss wiederspiegelt (Mosaikhintergrund, Gesichter, Kleidung). Im 19. Jh. hat man sie unter einer Mörtelschicht wiederentdeckt. Der Christ am Kreuz erscheint abgemagert, und sein Antlitz ist von Schmerzen entstellt. Die Jungfrau und St. Johannes stehen ihm zur Seite; auch sie sind von gleicher, starker Ausdruckskraft. Die herabgezogenen Augenbrauen machen ihren Blick leidensschwer. St. Johannes stützt seinen geneigten Kopf in seine Hand, eine Haltung, die seine Trostlosigkeit wiedergibt. Oberhalb des Kreuzes schieben Engel die Sonne und den Mond. Den oberen Abschluss der Freske bilden zwei Engelgruppen; an den Seiten sehen wir die Propheten Jesaja, Jeremia und Hosea und den Juden Philon, der seinen Kopf in Richtung des Kreuzes dreht. Sie haben jeder ein Spruchband, auf dem ein von ihnen geschriebener, lateinischer Text zum Leiden Christi steht. Auf dem Rahmen der Freske steht, daß diese Arbeit „in hundert Tagen weniger einem" ausgeführt wurde. Die östliche Galerie des Kreuzgangs wird von einem schönen romanischen Gitter aus dem 12. Jh. begrenzt, das ein wahres Wunderwerk der Schmiedekunst darstellt. Die Rankenornamente sind gestanzt und verleihen dem Ganzen einen anmutigen maurischen Charakter, der die kleinen Fehler dieser Handarbeit verdeckt.

Kreuzgang, Totenkapelle: Freske der Kreuzigung

Das Pechnasengebäude „Mâchicoulis"

❶ Der Reliquienkapelle: Wandmalerei, die Freien Künste

❷ Staatensaal des Velay, Schatz religiöser Kunst: Die *Heilige Familie* vom Meister de Flémalle

❸ Staatensaal des Velay, Schatz religiöser Kunst: Reliquienschrein mit Grubenschmelzmalerei, 13. Jh.

❹ Staatensaal des Velay, Schatz religiöser Kunst: Ziborium, 16. Jh.

2

AUSSERHALB DER KATHEDRALE

Das Pechnasengebäude „Mâchicoulis"

Vom Westteil des Kreuzganges kommt man in das Gebäude der Pechnasen, das an die Zeit erinnert, als die Bischofsstadt von Wehrmauern umgeben war. Es wurde Anfang des 13. Jh. vollendet; die beiden ersten Stockwerke stammen aus dem 12. Jh. In früheren Zeiten befanden sich in der **Reliquienkapelle** die Bücherei und die Bibliothek der angesehenen Universität von Sankt Mayol, was das Vorhandensein der berühmten gotischen Wandmalerei erklärt, die Prosper Mérimée 1850 unter einer Schicht Tünche entdeckte. Vier prächtig gekleidete, junge Frauen sitzen auf unterschiedlichen Thronen, von einer Person begleitet, die sich in der Kunst, die die Frau darstellt und die auf der Rückenlehne des Thrones angegeben ist, hervorgetan hat. Links sehen wir die Grammatik mit Priscien und zwei Kindern. Rechts hält die Logik neben Aristoteles eine Eidechse und einen Skorpion in der Hand: wahrscheinlich die Symbole des Sorit und des Dilemmas (Formen der altertümlichen sollygistischen Redeform). Neben ihr sitzt die Rhetorik in Begleitung von Cicero; daneben findet man die Musik und Tubal-Caïn. Die Arithmetik, die Geometrie und die Astronomie fehlen jedoch. Der Maler dieses Wandgemäldes, das auf erfrischende Weise Auskunft über die Mode am Ende des 15. Jh. gibt, ist unbekannt. Bis zur Revolution wurden in einem Altarschrank (17. Jh.) Reliquien aufbewahrt, die der Kathedrale geschenkt wurden. Eine jüngere Kopie der Schwarzen Jungfrau hat jetzt hier ihren Platz. Sie wurde von dem ortsansässigen Künstler Philippe Kaeppelin gearbeitet, der sich getreu an die Beschreibung von Faujas de Saint-Fons gehalten hat. Weiter oben im Pechnasenhaus gelangt man in einen schönen gotischen Saal, der früher als Versammlungssaal für

die Staaten des Velay diente. Heute finden wir hier den reichen **Schatz religiöser Kunst**. Der Besucher wird zuerst von den kraftvollen hölzernen Sklavenskulpturen von Pierre Vaneau angezogen. Die Vitrinen beherbergen u.a. einen wunderbaren Chorrock aus durchwirkter Seide (11. Jh.) sowie einen mit Gold- und Silberfäden bestickten Seidenmantel aus dem 16. Jh., der die berühmte Schwarze Madonna schmückte. Ganz sicher steht das Gemälde der *Heiligen Familie*, das Meister de Flémalle (15. Jh.) zugesprochen wird, im Mittelpunkt der Sammlung, aber auch Die *Anbetung der Drei Weisen* von Claude Vignon (1630) oder Das *Massaker an den Unschuldigen Heiligen* von Sébastien Bourdon (1650) sind interessant. Ein Reliquienschrein aus Grubenschmelz aus dem 13. Jh. und ein Ziborium sind wunderschöne Goldeschmiedearbeiten.

Schatz religiöser Kunst: Sklave von Pierre Vaneau

Die Büßerkapelle

Der schöne Eingang zur Büßerkapelle liegt im oberen Teil der Straße Kreuzgang. Die Tür öffnet sich zwischen zwei Säulentorsen, die von einem geschnitzten Holztympanon gekrönt sind, auf dem Szenen der Verkündigung an Maria dargestellt sind. Tatsächlich stellt sich die Bruderschaft der Weißen Büßer von Le Puy unter den Schutz von Notre-Dame de L'Annonciation.

Sie wurde 1584 gegründet und ist auch heute noch aktiv. Die Kapelle ist nicht nur für ihre Gottesdienste da, sondern steht auch als Versammlungssaal und Sitz zur Verfügung.

Wenn man die Kapelle betritt, wird man sofort von der Vielfalt ihrer Ausschmückung gefangen genommen. In der Mitte der reichen Kassettendecke aus dem 17. Jh. sehen wir Mariä Himmelfahrt und fünfundsiebzig Felder zeigen Engel und Heilige. Die Darstellung von Mariä Himmelfahrt ist das Werk von Jean François, dem Bruder von Guy François, ein Verfasser zahlreicher Werke in Le Puy. Die Seitenwände sind mit Malereien geschmückt, die Episoden aus dem Leben Marias erzählen (um sie zu lesen, muß man mit der linken Wand gegenüber vom Eingang beginnen). Die Malereien der Tribüne beziehen sich ebenfalls auf das Leben der Jungfrau. Die verschiedenen Werke entstanden im 17. und 18. Jh. Sie wurden von unterschiedlichen Malern geschaffen, deren Talent nicht immer gleichwertig war. Aber trotzdem ist eine gewisse Einheit erkennbar. Die Ausschmückung der Kapelle wurde aus den Spenden der Büßer beglichen. Zum Dank an die großzügigen Gaben wurde auf den meisten Malereien das Wappen des Spenders dargestellt. In der Sakristei befindet sich ein Reliquiar aus vergoldetem Holz vom 17. Jh. mit einem Splitter des Kreuzes Jesu. Man sieht auch Lampen, Prozessionsstöcke und Insignien des Leiden Christi, die von den Weißen Büßern bei den Zeremonien am Gründonnerstag benutzt wurden, die sich hier, wie auch in Katalonien oder Sevilla, zu einem beeindruckenden Bild aus anderen Zeiten zusammensetzen, voll von Glauben und Emotionen.

Der Gründonnerstag der Weißen Büßer

Am Gründonnerstag tun die Mitglieder der Bruderschaft Buße, angetan mit einer weißen Tunika, die in der Taille gegürtet wird, und einer Kapuze, die das Gesicht versteckt. In Erinnerung an das letzte Mahl Christi gedenkt das Gefolge feierlich der Heiligen Cäne und der Einsetzung des Abendmahls mit einem Kelch. Anderswo tragen die Büßer Prozessionstäbe, die mit Motiven verziert sind, die an die Dinge erinnern, die Christus auf seinem letzten Weg begleiteten: die Börse des Judas, die Dornenkrone, den Hahn, die Nägel, den Schwamm... Aber am erstaunlichsten ist der Büßer, der wie Jesus das Kreuz trägt. Er ist barfuß und kniet alle drei Schritte nieder zum Zeichen seiner Buße, aber auch im Gedenken an das dreimalige Hinfallen Christus. Gebete und Gesänge ermutigen ihn auf seinem Weg zum Kreuz auf der For-Platz, wo Büßer, die Mitglieder der Eskorte Christus, warten. Als Abschluss folgen andere Büßer, die sich um den Priester gruppieren, der die Kreuzreliquie trägt.

Prozession der Weißen Büßer am Gründonnerstag

SALVE
REGINA

VIRGINI MARIAE

JOSEPHE A°° VICTORIN de MORLHON
NÉ A VILLEFRANCHE-DE-PANAT (AVEYRON)
LE 18 X°° 1799 -
CHEVALIER DE LA LÉGION D'HONNEUR
ANCIEN VICAIRE GÉNÉRAL DU DIOCESE D'AUCH

Notre-Dame de France

In nur fünf Minuten erreicht man den Corneillefelsen und die bemerkenswerte Statue von Notre-
Dame de France, von deren Spitze aus sich ein
wunderschöner Blick auf Le Puy und Umgebung
bietet. Die roten Dächer der Stadt lassen den Besucher erkennen, warum die Bewohner diese
Farbe gewählt haben. Eines Tages kam jemand
auf die Idee, die Statue in einer herkömmlichen
Farbe zu streichen: in grün... Das führte zu Pro-
test und man schlug Rot vor. Seit 1853 bemühte
sich der Bischof von Le Puy, Monsignore de
Morlhon, um die Erbauung der Statue auf dem
Corneillefelsen. Um die Kosten aufzubringen,
versuchte er es zuerst mit einer Subskription, die
sich anfangs auf das Département der Haute-
Loire beschränkte und später auf alle Diozösen
Frankreichs ausgedehnt wurde. Gleichzeitig
wurde ein internationaler Wettbewerb ausge-
schrieben, und der Entwurf des Bildhauers Jean-
Marie Bonnassieux wurde ausgewählt. Um ehr-
lich zu sein: das gesammelte Geld reichte nicht
aus. Als am 8. Dezember 1854 das erste vatika-
nische Konzil die Unbefleckte Empfängnis defi-
nierte, kam plötzlich neuer Schwung in das Unternehmen: schon zwei Tage später wurde der
Grundstein gelegt. Pélissier, Kommandant der
Krimarmee und Freund des Bischofs riet, Napo-
leon III um die von den Russen erbeuteten Kanonen zu bitten. Am 8. Dezember 1855 eroberte Pélissier Sebastopol. Vier Monate später ließ der
Kaiser dem Bischof 213 Kanonen übergeben. Innerhalb von vier Jahren wurden die Kriegsgeräte
zu friedlichen Zwecken umgeformt. Am 12. September 1860 konnte die Jungfrau endlich einge-
weiht und gesegnet werden. Einfache Menschen
und mächtige haben an der Entstehung und Er-
haltung dieses Denkmals mitgeholfen: sie ver-
dient daher zu recht ihren Namen: Notre-Dame-
de-France. Ein paar technische Daten: die 16
Meter hohe und 110 Tonnen schwere Jungfrau
tritt eine 17 Meter lange Schlange. Die Gesamt-
höhe mit Sockel liegt bei 22,70 Meter und das
Gesamtgewicht beträgt 835 Tonnen!

Die Unbefleckte Empfängnis

Das Dogma der Unbefleckten Empfängnis
besagt, dass die Jungfrau Maria von der
Erbsünde „befreit und ohne Sünde
empfangen sei". Jahrhundertelang hat es
heiße Diskussionen über die Anerkennung
dieser Gnade gegeben. Theologen gelang es
nicht, diese These mit den Prinzipien des
Erlösungswerkes in Einklang zu bringen. Das
Problem stellte sich wie folgt: Wie kann Jesus
der Retter eines Menschen sein, der seit seiner
Empfängnis von der Erbsünde befreit ist? Der
heilige Augustinus im 5. Jahrhundert, sowie der
heilige Bernhard im 12. Jahrhundert griffen als
erste diesen offenkundigen Widerspruch auf.
Der Theologe Duns Scot gab im 13.
Jahrhundert die Antwort: indem der heiligen
Jungfrau die Gunst einer vorausgenommenen
„Erlösung" zuerkannt würde. Die Polemik ging
weiter, bis am 27. November 1830 die heilige
Jungfrau der Kirche durch Catherine Labouré
ein Zeichen gab und sie aufforderte, eine
Medaille mit einem Text prägen zu lassen, den
Catherine bei ihrer Vision entziffert hatte: „O
Maria, unbefleckt empfangen, bitte für uns,
die wir bei Dir Zuflucht suchen." So definiert
sich die heilige Jungfrau selbst als „ohne
Sünde empfangen" und bat, sie mit diesen
Worten anzurufen. Über die Frage wurde bis
1854 diskutiert, bis Papst Pius IX. von allen
Bischöfen weltweit die Zustimmung eingeholt
hatte, und bei der Enzyklika *Ineffabilis Deus*
vom 8. Dezember das Dogma der
„Unbefleckten Empfängnis" Mariens als
Glaubensartikel verkündete. Im Jahre 1858
erschien die heilige Jungfrau – ein
merkwürdiger Zufall – achtzehnmal der
Bernadette Soubirous in der Grotte
Massabielle bei Lourdes. Bei der sechzehnten
Erscheinung bestätigte sie ihre Botschaft und
erklärte der Bernadette, „diesem
bescheidenen Mädchen": „Ich bin die
Unbefleckte Empfängnis".

3

IN DER STADT

Sankt Michael von Aiguilhe

Der spitze Felsen von St. Michael von Aiguilhe trägt seinen Namen zu recht: mit seinen 82 m Höhe, 57 m Durchmesser an der Spitze und einem Umfang von 170 m am Fuße sieht er tatsächlich wie eine Nadel aus. Lange schon war hier ein heiliger Ort: drei riesige, wahrscheinlich von einem Dolmen abstammenden Steine wurden beim Bau der Kapelle verwendet. Später haben die Römer ihrem Gott Merkur hier gehuldigt. Heutzutage scheint die mittelalterliche Kapelle mit dem Felsen völlig eins geworden zu sein. Der Glockenturm stammt aus dem 19. Jh; der ursprüngliche wurde 1245 durch Blitzschlag zerstört. Am Fuße des Felsens liegt die anmutige, achteckige **Kapelle Sankt Clair**. Die Außenmau-

ern zieren Arkaden, deren Hintergrund rautenförmige Mosaiken bilden. Auf dem (wahrscheinlich aus karolingischer Epoche) stammenden Sturz über einer der Türen der Kapelle sind die verschiedenen Mondphasen abgebildet. Der **neugotische Brunnen** hinter der Kapelle wurde von Charles Crozatier geschaffen, der ihn seinem Geburtsort widmete. Vier Stufen führen zu einem schönen romanischen Portal, das den Eingang zur Treppe mit 268 Stufen bildet. Der Aufstieg wird durch zahlreiche Treppenabsätze zum Ausruhen erleichtert, auf denen im Mittelalter Oratorien zu finden waren. Am Fuße des Felsens steht heute noch Sankt Gabriel, das aber mit dem ursprünglich zu Beginn des 15. Jh. errichteten Oratorium nichts mehr gemeinsam hat. Trotzdem haben seine Terrasse und seine Innenausstattung, die Philippe Vaneau zugeschrieben

Kapelle Sankt Clair

wird, einen gewissen Charme. Vom letzten Absatz aus erblickt man die Fassade der **Kapelle von St. Michael**, „dieses Juwel der Architektur", wie es Prosper Mérimée formulierte, eine Harmonie von islamischer und romanischer Kunst. Ein Mosaik aus weißen, roten und schwarzen Rauten belebt die gesamte Fassade. Die Tür der Kapelle führt zu einem dreipässigen Bogen, dessen Ranken ihn zu einem eindrucksvollen Beispiel orientalischen Einflusses werden lassen. Das Ganze wird von zwei kleinen Säulen mit verzierten Kapitellen getragen. Links scheinen zwei Adler auffliegen zu wollen; rechts halten zwei Diakone Lilien in den Händen, Symbole der Reinheit und des Lebens. Auf jeder Seite der Tür versuchen Fabelwesen mit spitzen Zähnen und Kuhfüßen zu fliehen: Symbole der Macht des Bösen, die der Anwesenheit St. Michaels zu entfliehen trachten. Die Ausschmückung des dreipässigen Bogens geht auf die Apokalypse des St. Johannes und die Genese zurück. In der Mitte zeigen zwei Engel das „Lamm Gottes" als Symbol des Christ als Erlöser, dem auf beiden Seiten alte Männer mit verhüllten Händen Parfumschalen darreichen. Weiter oben lassen die mit Vögeln und menschlichen Figuren bedeckten Ranken, die von Dämonen bedrängt werden, an die Schöpfung und den Fall des Menschen denken. Darunter entspringen Ranken aus Mündern zweier Menschenköpfe, über denen Vögel an einer Traube picken, Symbole der Schöpfung und Erlösung. Auf dem Türsturz sehen wir zwei Meerjungfrauen, die mit dem Schlangenschwanz symbolisiert den Tod der Erde; die mit dem Fischschwanz versinnbildlicht den Tod des Meeres. Erde und Meer wurden beide ins Ewige Leben berufen. Ein aus fünf Flachreliefs bestehendes Fries vollendet die Dekoration. Im Mittelpunkt segnet und zeigt Christus „Das Buch des Lebens", umgeben von Alpha und Omega – Anfang und Ende. Rechts sehen wir die Jungfrau und St. Johannes, links St. Michael und St. Peter mit Schlüsseln in der Hand. Der heutige Eingang zur Kapelle aus dem 12. Jh. bildet eine Art kleiner Narthex, der von einer Tribüne dominiert wird. Diese Vorhalle wird durch einen ellipti-

schen Wandelgang verlängert, der aus neun Gewölben besteht und einen Gewölbebogen umfaßt, der das Hauptschiff bildet. Das merkwürdige Aussehen dieses Teils, ebenfalls aus der romanischen Epoche, erklärt sich aus der Tatsache, daß der Architekt den ihm zur Verfügung stehenden begrenzten Raum optimal nutzen wollte. Kleine Sandsteinsäulen mit verzierten Kapitellen (Adler, Hunde, Ranken, usw.) tragen die Gewölbe. Dem Hauptschiff gegenüber, aber nicht genau in der gleichen Achse, entdecken wir das ursprüngliche, von Truannus errichtete Heiligtum aus dem 10. Jh., das im 11. Jh. Bestandteil der neuen Kirche wurde. Ursprünglich aus einem kleinen Bau mit vier Apsiden bestehend, bleiben heute nur noch zwei übrig. In der nördlicher Apsis entdecken wir eine anmutige Madonna aus Bronze auf einem Eichensockel: ein Werk von Charles Crozatier. Die viel ältere Holzstatue von St. Michael stammt vom Ende des 14. oder Anfang des 15. Jh. Obwohl der Zahn der Zeit ihn seiner Flügel und Farben beraubt hat, kämpft der Erzengel gelassen den Drachen nieder! Auf der

Ein notwendiger Ordnungsdienst

„Wisset, fromme Gläubige der heiligen Kirche Gottes von heute und von morgen, dass ich, Truannus, Dekan der Gemeinde von Le Puy, eine Kirche errichten möchte auf dem schwindelerregenden Felsen, Aiguilhe genannt, den bis jetzt kaum ein geschickter Mann zu erklimmen vermochte...und deshalb einen bequemen Aufgang geschaffen habe." Dies erklärte Truannus, der Gründer der Kapelle Sankt Michael. Im 15. und 16. Jahrhundert gab es einen so übermäßigen Besucherstrom, dass man einen wirksamen Ordnungsdienst einrichten muste: „Der Andrang auf diesem geweihten Felsen war so groß, dass man notwendigerweise Helfer mit Handstöcken auf alle Stufen stellen mußte, um Aufsteigende auf die eine und Absteigende auf die andere Seite zu geleiten."

Marmorstufe, vor dem romanischen Altar, ist eine kleine Fläche mit einem Bleifaden abgegrenzt: hier liegt direkt unter der Stufe die Felsspitze. Ein von Menschenhand ausgehobenes Loch läßt auf ein rituelles Gefäß des keltischen oder gallischen Kultes schließen. Um das Jahr 1850 wurde eine dicke Gipsschicht entfernt. Darunter kamen wunderschöne Fresken aus dem 10. und 11. Jh. zum Vorschein. Das merkwürdige pyramidenförmige Gewölbe trägt eine Freske, die möglicherweise aus dem 10. Jh. stammt, denn ihre Ausführung erinnert an karolingische Werke. Der Christ steht im Mittelpunkt; auf jeder Seite sind Sonne und Mond dargestellt und über allem thront Sankt Michael zwischen zwei Seraphen. In den Winkeln finden wir die Symbole der Evangelisten, unterbrochen von Engelsbüsten. Diese Malereien wurden wahrscheinlich im 12. Jh. mit neuen Farben aufgefrischt, ohne ihr ursprüngliches Gesicht zu verändern; gleichzeitig kamen neue Fresken hinzu. Unterhalb des Gewölbes sind Engel, Heilige und Apostel zu erkennen. Rechts hinter dem Altar wird der Himmel sichtbar, dargestellt durch einen Palast, der von den vom hl. Michael Auserwählten bewohnt wird. Linkerhand sehen wir die Auferstehung der Toten, unterhalb des Himmels auf der linken Seite liegt die Hölle. Die Restaurierungsarbeiten am Altar förderten am Fuße der Säule Reliquien zu Tage, die auf den Ursprung der Kapelle zurückzuführen scheinen. Die verschiedenen Gegenstände befanden sich zwischen zwei mit konzentrischen Kreisen verzierten Bronzeschalen, die an Spanien denken lassen. Unter ihnen befindet sich ein Christus mit einer Tunika, deren Säume und Ärmel aus Stoff sind. Das altertümliche Aussehen des Werkes läßt auf die spanische Schule des 10. Jahrhunderts schließen. Ein Brustkreuz aus Metall, das in einer mit Kupfer umwickelten Elfenbeinschatulle gefunden wurde, ist ebenfalls interessant. Eine Darstellung der Jungfrau mit Kind nach byzantinischer Art ist gut erkennbar. Auf den Ausläufern des Kreuzes kann noch in Medaillons die griechische Inschrift *Meter Theo*, Mutter Gottes, entziffert werden.

Der Heilige Michael kämpft den Drachen nieder

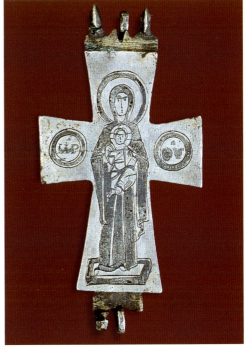

Kapelle Sankt Michael: Brustkreuz

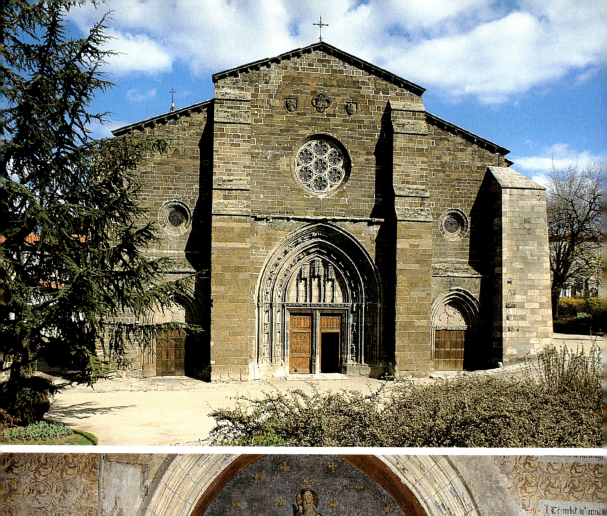

Die Kirche Sankt Laurent

Sankt Laurent wurde wahrscheinlich in der zweiten Hälfte des 14. Jh. erbaut. Sie ist eine der wenigen Kirchen gotischen Stils im Velay. Ihre Entstehung geht auf Dominikanermönche zurück, deren Kloster nicht weit entfernt wat. Es bestand schon seit 1223 und lag außerhalb der Stadt. Pilger, die erst spät am Abend eintrafen, kehrten hier ein wenn die Stadttore von Le Puy bereits verschlossen waren. Die Kirche Sankt Laurent hat viele schwere Schicksalsschläge hinnehmen müssen – fast ebenso viele wie der Körper des Bernard Du Guesclin, dessen Überreste in ihr aufgebahrt sind. Schon 1525 stürzte zum ersten Mal das Gewölbe ein; das gleiche Unglück passierte 1644 erneut. Während des Religionskrieges wurde sie im Jahre 1562 von den Hugenotten verwüstet. Die Revolution verursachte keine materiellen Schäden, aber der Besitz der Mönche wurde verkauft und die Mönche in alle Winde zerstreut. Die Kirche wurde nicht mehr benutzt. Zu Beginn des 19. Jh. wurden die Gottesdienste wieder aufgenommen und die Kirche im gotischen Stil renoviert. Der Eingangsvorbau, die Doppeltür sowie die Seitentüren stammen aus dieser Zeit, ebenso fast die gesamte Innendekoration. Im Jahre 1966 traf sie ein weiterer Schicksalsschlag: Die Pfeiler der Kirche drifteten immer weiter auseinander, so daß Stahlkabel gezogen wurden mußten, um sie zusammenzuhalten. Aber 1971 wurde die Gefahr so groß, daß die Behörden gezwungen waren, die Kirche für die Gläubigen zu schließen. Nach einer beispiellosen Renovierungsarbeit konnte sie erst 1988 wieder geöffnet werden. Die Gemälde von Guy François (1580-1650?) und seiner Schule sind charaktervoll, vor allem der *Ungläubige Thomas*, der neben der Sakristeitür hängt und vom Meister selbst signiert wurde. Die Kanzel und die Beichtstühle aus dem 19. Jh. sowie die Eichenholztäfelungen des Chores aus dem 18. Jh. stellen meisterhafte Holzarbeiten dar. Rechts vom Hauptaltar liegt das Grab von Bertrand Du Guesclin. Auf der anderen Seite finden wir das Grab von Bischof Montaigu.

Bertrand Du Guesclin

Der etwa 1320 bei Dinan geborene Bertrand Du Guesclin machte schon sehr früh als erfolgreicher Heerführer von sich reden. In Diensten des Königs von Frankreich stehend, zeichnete er sich auf vielen Schlachtfeldern aus, – insbesondere 1364 bei Cocherel – was ihm 1370 die Ernennung zum „Connétable" einbrachte. Er war etwa 60 Jahre alt, als er am 14. Juli 1380 im Kampf um Châteauneuf-de-Randon, Lozère, das er den „Grandes Compagnies" abzuringen versuchte, den Tod fand. Es handelte sich um wüste Söldnerbanden, die während der Friedensperioden im Verlaufe des Hundertjährigen Krieges Frankreich ausbeuteten und terrorisierten. Sein Leichnam wurde in Le Puy einbalsamiert, und somit erhielt die Stadt das Privileg, das Andenken an diesen großen Mann zu bewahren. Der Wunsch Bertrands war es aber, in seiner Heimat Dinan beigesetzt zu werden. Träger machten sich also auf den Weg in die Bretagne. Die Sommerhitze schadete jedoch dem Leichnam, und man musste den Transport unterbrechen. Im Franziskanerkloster von Montferrand fand man Aufnahme. Hier wurde der Körper heiß abgebrüht und Fleisch und Muskeln abgetrennt. Als die Träger sich danach erneut aufmachten, trugen sie nur noch die Gebeine und das Herz mit sich. Unweit vom Ziel erhielten sie die Order des Königs von Frankreich: Karl V. wünschte, dass für seinen berühmten Diener eine würdige Grabstätte und zwar in der Kirche Sankt Denis neben den Königen einzurichten sei…So geschah es: die Gebeine wurden zur Kirche gebracht, während die Träger ihren Weg nach Dinan nur noch mit dem Herzen fortsetzten.
Die Grabstätte in der Kirche Sankt Laurent wurde bedauerlicherweise von den Hugenotten zerstört, die Le Puy im Jahre 1562 besetzten.

❶ Pannessacturm

❷ Cornards-Haus:
Fassadenausschnitt: der heitere
Cornard

❸ Detail des Bidoire-
Springbrunnens

❹ Cornards-Haus,
Fassadenausschnitt: der die
Zunge herausstreckende Cornard

Die alten Stadtviertel

Das rege religiöse Leben von Le Puy hatte eine beachtliche Bautätigkeit zur Folge. Die Stadt schmückte sich mit zahlreichen Gebäuden, wovon etliche in der Ober- wie Unterstadt noch gut erhalten sind. An kleinen Plätzen und in malerischen Gassen bieten sich dem Betrachter prächtige Fassaden, elegante Springbrunnen und Tore mit kunstvollen Skulpturen.

Die Altstadt mit ihren malerischen Gassen und prächtigen Bauten liegt in einem geschützten Gebiet von 35 ha, das von Straßen umgeben ist, deren Verlauf den alten Befestigungsmauern der Stadt entspricht.

Der **Pannessacturm** aus dem 13. Jh. ist ein verbliebener Rest der ehemaligen Stadtmauer. Zusammen mit einem ähnlichen Turm, der 1850 zwecks Straßenverbreiterung abgerissen wurde, bildete er den Hauptzugang der Stadt mit dem Namen *Porte Royale*. Ein Bild von Gué im Crozatier-Museum zeigt diesen ehemaligen Stadteingang. In der **Straße Pannessac** spielte sich früher der Weizenhandel ab. Die zahlreichen Wohnhäuser stammen aus der Zeit vom 15. bis 18. Jh. Die Fassaden sind mit Holz verkleidet oder klassisch mit Arkaden, Masken, Girlanden oder Pfeilern geschmückt... auf dem Weg wird der Blick immer wieder von neuem angezogen. Die Fassade der Hausnummer 51 könnte von dem berühmten Jean Goujon stammen. „Sieh die Cornar lachen" steht auf einer Inschrift über einem pausbäckigen Portrait am Hause der Cornards in der schmalen **Straße Chamarlenc**. Die lebensfrohe Bruderschaft der Cornard war vor allem für ihre Zusammensetzung aus lebenslustigen Männern bekannt; ihre Gründung geht wohl auf das Mittelalter zurück.

Mitten auf der **Platz Plot** steht der Bidoire-Brunnen. Er stammt aus dem Jahre 1246 und ist der älteste Brunnen der Stadt. Die Delphine und Adler wurden im 15. Jh. angefügt. Am Samstagmorgen findet hier ein Markt mit Erzeugnissen der Bauern aus der Umgebung statt. So wird eine lange Tradition fortgeführt, denn schon 1544

Großes Marienfest am 15. August

Das ganze Jahr hindurch sind Pilger und Besucher aus aller Herren Länder zahlreich in Le Puy vertreten. Nicht nur Gruppen und Familien, sondern auch Individualtouristen strömen in die Stadt. Ihre Zahl erreicht jedes Jahr die Millionengrenze. Am 15. August, Mariä Himmelfahrt, versammeln sich die meisten Pilger hier. Eine große Prozession führt durch die Straßen, die mit den Stadtfarben, blau und weiß, geschmückt sind. Eine bunte, betende und singende Menschenmasse bevölkert die Straßen, die zur Kathedrale hinaufführen. Sie versammelt sich auf der Platz und in der Straße Tables, auf den großen Stufen, um der Schwarzen Jungfrau, die ihren Platz auf dem Altar wieder einnimmt, die Ehre zu erweisen. Es ist ein unvergeßliches Ereignis, das das Herz nicht unberührt läßt. Le Puy ist nicht nur eine „Altstadt" oder eine „Stadt der Kunst", es ist auch eine „Heilige Stadt", die eine Botschaft trägt, die einem jeden hilft, seine Wahrheit zu finden.

Prozession am 15. August in der Straße Tables

wird ein Obst- und Gemüsemarkt an diesem Platz nachgewiesen.

Die **Straße Courrerie** mit ihrem schönen Renaissancebau, der eine dreifache Arkade mit grotesken Figuren und ein Türmchen im Innenhof hat, geht auf die **Platz Martouret** hinaus. Hier fanden in früheren Zeiten die öffentlichen Hinrichtungen statt. Die Guillotine stand hier in den Revolutionsjahren 1793 bis 1795, und an diesem Ort wurde auch die berühmte Schwarze Jungfrau verbrannt. Die strenge Fassade des **Rathauses**, das 1766 von dem Architekten Portal erbaut wurde, dominiert den Platz.

Das Wohnhaus des Antoine Astruc in der **Straße Chènebouterie** ist besser unter dem Namen „La Maison du Cagaïre" bekannt. Diese Bezeichnung hat nichts mit dem Beruf seines ehemaligen Besitzers zu tun (er handelte mit Aromen!) sondern vielmehr mit der merkwürdigen skatologischen Skulptur, die die Fassade ziert.

In den malerischen **Straßen Saulnerie** und **Rochetaillade**, die auf die **Straße Cardinal-de-Polignac** führen, sind mehrere romanische Fassaden bemerkenswert. Diese zeigt dem Besucher Wohnbauten, die zu den prächtigsten der Oberstadt gehören: das Stadthaus der Familie de Polignac mit einem Türmchen aus dem 15. Jh., die Häuser der Familien Roys und Mombrac aus dem 16. Jh. und zahlreiche Vorbauten, über denen Masken angebracht sind, so z. B. das Haus von Roche Négly aus dem 17. Jh.

In der **Straße Raphaël** war früher der Hauptmarkt für Spitzen. Eines der sehenswertesten Wohnhäuser dieser Straße steht nahe der Platz Tables. Es fällt vor allem durch seine Fassade mit den korinthischen Säulen und Masken auf, die Sonne und Mond darstellen.

Straße und Platz Tables sind wegen der Verkaufstische der Händler, die hier an Festtagen zahlreich vertreten waren, so benannt. Den Pilgern wurden hier bei der Kathedrale alle Arten von Devotionalien angeboten: Wallfahrtsabzeichen, Kerzen,

Heiligenbilder, Rosenkränze… Auf der Mitte des Platzes erhebt sich die anmutige **Choriste-Brunnen**.

Straße Tables und Kathedrale

Die Feste des Vogelkönigs

In der 2. Septemberhälfte verleihen die Feste des Vogelkönigs Le Puy-en-Velay eine Woche lang das Erscheinungsbild und die Atmosphäre zurück, das es in Zeiten der Renaissance hatte. Zum Vogelkönig wird derjenige während des Verlaufes dieses Festes gewählt, der einem Brauch aus dem 16. Jahrhundert zufolge als bester Bogenschütze der Stadt gilt. Man schießt auf eine Papagei-Attrappe, die in altfranzösisch *Papegai* genannt wird. In der beflaggten, für Fußgänger und Reiter reservierten Oberstadt findet man Tausende von Kostümierten, und diese Kostüme kann man hier auch ohne weiteres käuflich erwerben. Cafés werden zu Tavernen, Restaurants bieten Menüs aus historischer Zeit mit den dazugehörigen Getränken an, die mit Mäßigkeit getrunken werden sollten: sie heißen „Hypocras" und „Hydromez". In dieser Woche kann man beachtenswerte Musik- und Theaterdarbietungen erleben, während sich Possenreißer, Jongleure und Troubadoure auf den Straßen produzieren und zahlreiche Wettspiele veranstaltet werden. Bei dieser Gelegenheit greift die Stadt Le Puy das alte Privileg wieder auf, das damals die Bischöfe innehatten: das Münzprägen. Dies jedoch nicht mit einer Genehmigung des Königs, sondern der der Banque de France. Einen Teil der Auslagen kann man nun mit *Florettes* oder *Patards*, Kopien der ehemaligen Geldstücke, bestreiten. Der Bürgermeister, in purpurfarbene Gewänder eines ersten Konsuls gekleidet, gibt den Ton an: Renaissance-Kleidung sei unerläßlich, zumal die Gefahr besteht, von den Patrouillen der *Compagnie des heiligen Georg*, die mit Hellebarden und Spießen bewaffnet sind, und deren Feldlager sich etwas abseits befindet, in Haft genommen zu werden... Die Nacht der ‘Saltimbanques' beendet die Festivitäten mit einer prunkvollen Parade, die durch die Straßen der Stadt einherzieht.

Die Feste des Vogelkönigs

Das Museum Crozatier

❶ Gallo-Römischer Saal:
Mosaik des Schäfers

❷ Saal „Lapidaire Médiévale":
Dornenzieher, romanische Epoche

❸ Saal Cortial: kupferner,
emaillierter Reliquiar

❹ Saal Cortial: Gobelin mit der
Jungfrau der Barmherzigkeit

Das Museum Crozatier

Ein durchaus bemerkenswertes Museum durch den Reichtum seiner Sammlungen, Themen und die Qualität seiner Werke, die Tradition und Geschichte des Velay zeigen. Die galloromanische Epoche wird durch die Stadt Le Puy und den Ort *Ruessium* (heute Saint-Paulien) gut verdeutlicht. Der Saal „Lapidaire Médiévale", mit mittelalterlichen Steinmetzarbeiten besitzt einen außergewöhnlichen Schatz an geschnitzten Paneelen, Kapitellen und Säulen... wie z. B. diesen komischen Dornenzieher im Hochrelief aus dem 16. Jh., das zum zweiten Stockwerk des Glockenturms der Kathedrale gehörte. Weiter sieht man die Kutsche der Vachère, eines der wenigen Beispiele französischer Kutschenbaukunst des 18. Jh. Im ersten Stock werden im Saal Cortial handwerkliche, hochqualitative Arbeiten von Künstlern aus dem Velay vom Mittelalter bis zur Revolution gezeigt. Wichtige Arbeiten sind hier ausgestellt wie z. B. die *Alienor-Gruppe* am Grab von Clemens VI in der Abtei von Chaise-Dieu, aber die interessantesten Arbeiten sind die Kunsthandwerke und die für ihre Ausarbeitung notwendigen Handwerkszeuge. Die Sammlung handgemachter Spitzen aus Le Puy und anderen französischen und ausländischen Zentren der Klöppelkunst ist wohl die schönste Frankreichs. Eine Gemäldegalerie befindet sich im zweiten Stock: ein Raum ist Guy François (1578-1650) gewidmet. Die folgenden Säle beherbergen interessante Werke wie z. B. eine *Beschützende Jungfrau* anonymer Herkunft aus dem Beginn des 15. Jh., ein *Männerportrait* signiert von Mathieu Le Nain oder auch eine Zeichnung von Ingres, die *Philemon und Baukis, die Jupiter empfangen*, darstellt. Der 3. Stock ist der Naturgeschichte gewidmet und mit ausgestopften Tieren sowie einer vollständigen Sammlung der in der Haute-Loire vorkommenden Insekten bevölkert. Im „Mechanischen Saal" finden wir arbeitende Maschinen, u. a. den Prototyp der ersten Nähmaschine.

Crozatier-Museum, Gemäldegalerie, 15. bis 17. Jh., *die beschützende Jungfrau*

4

DIE UMGEBUNG VON LE PUY

Espaly-Saint-Marcel

Dem Dorf Espaly-Saint-Marcel mangelt es nicht an Aussehen, so wie es am Fluß Borne unterhalb des erloschenen Vulkans „La Denise" liegt. Die riesige Statue des Heiligen Joseph überragt das Dorf. Die Spitze eines Vulkankegels dient ihr als Sockel. Der Jesuit Besqueut erschuf die Statue aus armiertem Zement. Sie stellt den Heiligen Joseph dar, während er das Jesuskind, das auf seiner Werkbank steht, segnet. Unterhalb dieser Statue sehen wir eine merkwürdige Kirche, die einem FeudalSchloss gleicht. Diese Kirche erinnert an die Festung, die sich früher an dieser Stelle erhob und während der Bündniskämpfe zerstört wurde. Die Festung diente den Bischöfen von Le Puy als Residenz; Karl VII, Kronprinz und ab 1422 König, hat sich hier mehrmals aufgehalten. Von der Terrasse der eigenartigen Basilika hat man eine ausgezeichnete Sicht auf die Berge des Velay, die die Stadt Le Puy mit ihrer Kathedrale und der Bischofsstadt sowie die tausendjährige Kapelle auf dem Aiguilhefelsen hervortreten lassen. In diesen auserwählten Ort Espaly strömen seit mehr als einem Jahrhundert Pilger zum Heiligen Joseph, im besonderen am 19. März, seinem Namenstag. Diese Wallfahrt wurde aus dem Glauben einer Frau, Anne-Marie Buffet, und eines Abtes, Fontanille, geboren. Die Pilger besuchen zuerst die Grotten, in denen die ersten Gebete zum Heiligen Joseph gesprochen wurden und finden sich dann zusammmen, um einen sehr schönen Diavortrag über das Leben der Heiligen Familie zu sehen. Etwas außerhalb des Dorfes kann man eine natürliche Sehenswürdigkeit bewundern. Erkaltete Basaltlava hat eine Wand von außerordentlichen, prismatischen Säulen gebildet: „die Orgeln von Espaly". Die Lava stammt vom nahegelegenen Vulkan Denise. Ihr Aussehen lässt an Orgelpfeifen denken und verhalf ihnen so zu ihrem Namen.

Das Eisenkraut von Le Puy

Hinter dem Namen „Verveine du Velay" verbirgt sich kein Kräutertee, sondern ein köstlicher Eisenkrautlikör. Dieses aus mehr als dreißig Pflanzen bestehende Gemisch wurde 1859 kreiert. Die Rezeptur wurde von Generation zu Generation vererbt, nur die Herstellungsart ist bekannt: Branntwein aus den Charentes wird mehrere Monate in Fässern gelagert, dann fügt man die Pflanzen der Vulkanerde des Velay hinzu. Nach zwanzig Tagen wird das Getränk in Kupfernen Destilliergeräten erhitzt. Dieser Likör ist sehr aromatisch und fördert die Verdauung. Er wird pur mit Eiswürfeln oder mit heißem Zucker und Honig gemischt getrunken.

Plakat des Eisenkrauts des Velay, Ende des 19. Jh.

Polignac

Wenn der Besucher den Horizont absucht, wird sein Blick von einem viereckigen Turm eingefangen, der hinter dem Berg, der Le Puy einfaßt, in den Himmel ragt. Wenn er sich auf die Suche nach ihm begibt, entdeckt er vier Kilometer von Le Puy entfernt das Dörfchen Polignac am Fuße einer vulkanischen Plattform. 100 m über der Ebene gelegen, geschützt durch abrupte Felsabhänge, brauchte man auf diesem Basalttisch von 200 m Länge und 100 m Breite keine Festungsmauern zur Verteidigung des Schlosses zu errichten. Hier steht die Wiege einer der berühmtesten Familien des Velay: die Familie de Polignac erhielt aufgrund der Lage ihrer Festung den Namen „Könige der Berge". Von der Burg ist heute nur noch der aus dem 14. Jh., Anfang des 15. Jahrhunderts stammende Turm übrig, dessen drei Etagen im letzten Jahrhundert restauriert wurden. Die Wohngebäude aus dem 15. und 17. Jh., die die Polignac zugunsten ihres Schlosses in Lavoûte-sur-Loire verließen, sind nur noch Ruinen, in denen ein Brunnen von nicht weniger als 83 m Tiefe steht. Im Erdgeschoss des Wehrturmes finden wir antike Überreste, insbesondere die Maske des Apollo. Dieser römischen Gottheit wurde auf dem Felsen in einem Tempel mit berühmten Orakeln gehuldigt; Kaiser Claudius kam persönlich im Jahre 47 n.C. hierher. Der Gläubige legte seine Gaben in einem Raum am Fuße des Felsens nieder und sprach seinen Wunsch aus, der ihn zur Gottheit geführt hatte. Ihm war nicht bekannt, daß ein trichterförmiger Brunnen seine Stimme bis in den Tempel trug, wo ihm Priester zuhörten. Wenn er nach dem Aufstieg dann oben am Felsen ankam, brauchten die Priester nur noch die Maske des Apollo sprechen zu lassen zur großen Überraschung des Bittstellenden. Bevor man Polignac verlässt, muss man unbedingt noch die Kirche sehen. Wenn man den gotischen Portalvorbau durchschritten hat, entdeckt man im Innern ein schlichtes lateinisches Kreuz . Verschiedene Jahrhunderte vereinigen sich harmonisch (10.-11. Jh.: Chor, 12. Jh.: Kirchenschiff, 14. Jh.: letztes Gewölbe). Im Chor dominieren die einzelnen Gewölbeflächen, die vom Viereck zum Achteck reichen, um dann in die Rundung der römisch-byzantinischen Kuppel aus dem 12. Jh. überzugehen, die den Glockenturm trägt. Die Kapelle in der Apsis beherbergt außergewöhnliche Fresken. Die wichtigste stammt aus dem 12. Jh. und stellt das Jüngste Gericht, den Himmel und die Hölle dar. Im oberen Teil ruft sehr wahrscheinlich der Christ zum Jüngsten Gericht auf, aber von ihm bleiben nur noch die Füße übrig. Rechts unten wiegt St. Michael die Seelen auf einer Waage ab; eine geht hinunter in die Hölle, die andere steigt in den Himmel auf. Ein kleiner Engel reicht sie St. Peter, der sie in das Paradies einführt. Das Paradies, ebenfalls teilweise zerstört, besteht aus acht Reihen Auserwählter, die jeder von einem Schutzengel begleitet werden. Auf der linken Seite findet ein anderes Schauspiel statt: tanzende und springende, mit Mistgabeln bewaffnete Teufel ergreifen die Verdammten an Füßen und Haaren und werfen sie in den Rachen eines riesigen Drachens. Die Martern sind mannigfaltig: Hängen, Einmauern, Folterungen mit glühendem Eisen, brodelnde Kessel mit menschlichen Zügen...

Eine große Familie

Die berühmteste und bemerkenswerteste Persönlichkeit der Familie ist zweifelsohne der Kardinal Melchior de Polignac (1661-1741) gewesen, der mehrere Titel auf sich vereinigte: nicht nur Erzbischof von Auch, sondern auch Botschafter Frankreichs in Polen und Unterhändler des Vertrages von Utrecht (1713). Papst Alexander VII vertraute diesem außergewöhnlichen Manne an: „Ich weiß nicht, wie Sie es machen; Sie scheinen ständig meiner Meinung zu sein und schließlich bin ich es, der Ihrer Meinung ist". Im Licht dieser Persönlichkeit verblassen die anderen Familienmitglieder, wie dieser Héracle, den ein Konzil in Le Puy im Jahre 1181 dazu verurteilte, barfuß, eine Kerze in der Hand, vor dem Tor von Saint-Julien de Brioude niederzuknien, um die Mönchsweihe zu erhalten!

1

2

Ausserhalb von Saint-Paulien

14 km nordwestlich von Le Puy entdeckt der Besucher **Saint-Paulien**, deren antiken Ortsnamen er schon oft im Museum Crozatier gelesen hat: als alte Hauptstadt des Velay verfügt Saint-Paulien über viele Zeugen aus der galloromanischen Epoche. Besonders interessant ist die Kirche, ein Schmuckstück romanischer Baukunst, deren Bau im 11. Jh. begonnen, und im 13. Jh. beendet wurde. Die Außenmauern aus farbigem Vulkangestein haben eine besondere Wirkung. Am meisten beeindruckt die Harmonie der Apsis, deren Ausschmückung und Anordnung recht eindeutig auf die Abstammung aus der Auvergne hinweisen. Dem Besucher fällt zuerst ihre erstaunliche. Größe auf: der Grund hierfür liegt darin, daß im 17. Jh. die drei ursprünglichen Kirchenschiffe zu einem einzigen zusammengefaßt wurden. Möglich wäre auch, daß man den Chor und den Wandelgang in einem Gewölbe unterbringen wollte. Im Querschiff befindet sich eine Tribüne, die die immer größer werdende Zahl der Gläubigen aufnahm. Von der Apsis, deren Achse nicht im gleichen Winkel liegt, gehen mehrere Chorkapellen aus, von denen vier aus der romanischen Epoche stammen. Das anmutige **Schloss La Rochelambert** liegt mitten im Grünen, 3 km westlich von Saint-Paulien. Dieses reizvolle Herrenhaus verwendete George Sand als Rahmen für ihren Roman « Jean de La Roche » hat. Es entstand im 12. Jh., wurde aber vom 15. bis 16. Jh. umgebaut. Eine Plünderung im Jahre 1562 und eine von den Hugenotten begangene Brandstiftung machten Ende des 16. Jahrhunderts Restaurierungen notwendig. Bei dieser Gelegenheit baute man die Türme zu Wachtürmen um. Ein Besuch führt durch Säle, die reich mit Möbeln und Kunstwerken bestückt sind, sowie mit einer schönen Sammlung von Heiligen Jungfrauen aus der romanischen Epoche. In einem Schlafzimmer werden Erinnerungsstücke an George Sand aufbewahrt, die im Jahre 1859 ihre Jugendfreundin, die Marquise von La Rochelambert, besuchte. Einen wirklich merkwürdigen Platz für eine Festung hat das **Schloss Saint-Vidal** im Tal der Borne. Und trotzdem muß es eine wahre Festung gewesen sein, um der Belagerung und der Verurteilung durch Heinrich IV widerstanden zu haben: „Daß das Haus der Saint-Vidal zerstört und vernichtet werde, auf daß jegliche Erinnerung daran verblasse". Im 16. Jh. hatte sich Antoine II de la Tour, auf die Seite der Liga geschlagen, die Heinrich von Navarra, den späteren Heinrich IV, nicht als den rechtmäßigen Erben des französischen Thrones anerkannte. Das Bauwerk wurde im 15./16. Jh. zur Festung umgebaut, das vorher ein Wohnhaus war. Dieser massive Bau mit seinen starken Türmen beherrscht heute die Landschaft. Als Statthalter des Velay und des Gevaudan sowie Großmeister der französischen Artillerie modernisierte Antoine II sein Schloss und versah es mit einen Verteidigungssystem. Keinesfalls vernachlässigte er aber den Komfort: seit dieser Zeit ziert die Burg ein eleganter Renaissancestil. Man findet Renaissancegalerien im Innenhof, gewölbte Keller und gewaltige Kamine, mit Malereien verzierte Schlafräume und schön möblierte Säle.

Ein phantastisches Schloss

George Sand gefiel es so sehr auf dem Schloss La Rochelambert, dass sie es zum Schauplatz ihres Romans *Jean de La Roche* wählte. Hier ihre Beschreibung: „Das Schloss meiner Väter mit dem schönen Namen Château de La Roche steht auf eigenartige Weise in der Mulde eines 500 Meter hohen Balsaltfelsens. Die Basis dieses Felsens bildet gemeinsam mit den gegenüberliegenden, identischen Felsen ein enges, kurvenreiches Tal durch dessen von Weiden und Nußbäumen beschatteten Wiesen sich ein harmloser Wildbach mit reißenden Wasserfällen schlängelt...Von außen gesehen ist der kleine Herrensitz ein architektonisches Schmuckstück, ziemlich breit, im Inneren aber so eng, dass die Zimmeraufteilung unpraktisch ist." (George Sand, *Jean de La Roche*).

I N D E X